매화나무

매화나무

맑고
　밝은
　꽃과
　　향기

■ 김현우 지음

매화나무

그림 : 이영순(李英順, 1935 ~　)

2009년 6월 23일에 발행된 오만원권 지폐 앞면에는 신사임당, 뒷면에는 조선시대 화가 어몽룡(魚夢龍)의 '월매도(月梅圖)'가 들어가 있다. 월매도는 매화 그림 중에서도 널리 알려진 작품으로 새봄을 맞아 매화나무 줄기에 가지가 뻗어 나오고 그 가지에 매화가 피어 있는 그림이다. 하늘로 뻗은 새 가지 끝부분 옆으로 둥근 보름달이 떠 있는 조용한 밤의 매화풍경이다. 흔히 선비의 높은 인품과 지조가 표현된 그림이라고 해석되고 있다.

또 천원권 지폐 앞면에는 퇴계 이황과 매화나무, 뒷면에는 서원과 동양화 그림이 있다. 현재 우리나라에서 발행되는 네 가지 종류의 지폐 중에 두 가지 지폐의 면을 매화가 장식하고 있으니 이보다 더한 매화사랑이 어디 있겠는가.

우리 선비들은 한겨울에 내린 눈이 채 녹기도 전에 깊은 산골 어디에선가 흘러나오는 매화향기를 좇아 눈 속에 핀 '설중매(雪中梅)'를 찾아가는 '탐매행(探梅行)'을 즐겼다. 일찍 봄을 맞이하기 위하여 아직 눈이 쌓여 있는 산야를 지나 매화를 찾아가는 것을 흔히 '탐매(探梅)'라고 하는데 필자는 매화나무와 매화꽃을 보기 위해 2009년과 2010년에 탐매행(探梅行)을 하였다.

토종 매화는 생각만큼 그 수효가 많지 않았다. 자주 있었던 국가적 전란이나 격변기를 거치면서 주변에 있던, 산야에 있던 많은 토종 매화나무들이 사라진 것으로 보인다. 은행나무나 소나무는 덩치라도 있어서 오래된 나무는 함부로 대하기 힘들지만 매화는 오래된 나무라 하더라도 우선 덩치가 작아서 처분하기가 쉬웠을 것이다. 경상남도 산청에 있는 산천재 남명매(南冥梅)처럼 호젓하게 정원 안에 자리 잡고 있으면 그나마 관리하기가 쉬웠지만 그렇지 않은 야생 매화는 소리 소문도 없이 사라진 것이 부지기수일 것이다.

사군자의 하나인 매화는 무엇보다도 꽃이 아름답고, 향기가 좋다. 꽃잎의 색깔이 흰 것을 백매(白梅)라고 하고, 붉은 것을 홍매(紅梅)라고 한다. 홍매에는 밝은 홍색의 매화도 있고 진한 홍색의 매화도 있다. 진한 홍색의 매화로는 구례 화엄사의 홍매를 들 수 있는데, 이 홍매는 고혹적인 아름다움을 자랑한다. 해가 중천에서 서쪽으로 기울어져 갈 때 각황전을 넘어온 햇살에 살짝 비치는 홍매의 아름다움이 깊은 감흥을 안겨 준다.

매화는 단순한 봄의 전령사가 아니다. 봄의 전령사라면 지역에 따라서는 매화보다 일찍 피는 꽃도 있을 터이니, 우리의 매화사랑에는 아마도 더 깊은 뜻이 담겨져 있음에 틀림이 없다. 매화는 굽어지고, 상처 나고, 부분적으로 고사한 줄기와 가지에서도 혹한의 추위를 견디며 새로운 싹을 세상에 내놓는다. 이는 고난과 역경극복을 의미한다. 일본에서의 매화가 아름다움, 절개, 지조를 상징하는 것이라면 한국의 매화는 여기에 더하여 역경 극복을 상징한다. '기다림' 또한 상징한다. 이 부분이 두 나라 사람들의 '매화관'의 차이일 수도 있다. 봄을 기다리는 마음, 연모하는 임의 사랑을 기다리는 마음이 담긴 꽃이 바로 한국의 매화이다. 그러기에 이 땅에 나는 매화가 더욱 소중하게 생각된다.

매화의 그윽한 향기를 제대로 느낀 것은 안동 도산서원에서였다. 문화유산 해설사의 설명을 들으면서 이동하던 중 여러 사람이 매화나무가 자라고 있는 곳을 지나게 되었는데 다들 향이 좋다는 말을 하는 것을 들으니 이곳 매화나무의 향이 좋다는 것은 나만의 느낌은 아닌 듯하다.

매화를 찾아다니면서 여러 사람의 도움을 받았다. 특히 남산에 있는 안중근의사 기념관의 최명수 과장은 임진왜란 당시 일본군 장수에 의해 전리품으로 뽑혀 일본으로 옮겨졌던 조선 왕궁 매화의 후계목이 안중근의사 기념관에 기증된 후 세심한 나무관리를 하여 지금 두 그루의 매화가 모두 잘 자랄 수 있도록 관리하였으며, 필자에게 역사성을 갖는 매화나무에 관하여 설명을 해 주었다. 이 자리를 빌려 최명수 과장께 감사의 말씀을 전한다. 성주 회연서원의 문화유산해설사 최상백 씨로부터 한강 정구 선생이 심은 백 그루의 매화나무에 관하여 설명을 들었다. 매화 그림 이미지 자료를 보내준 강릉시립박물관 학예연구실의 정호희 씨에게도 고마운 마음을 전한다.

이 땅에 매화나무가 더 많이 보급되었으면 하는 생각이다. 그래서 산과 들에, 정원에, 그리고 매화를 아끼는 이들의 마음에도 맑고 밝은 매화꽃이 피어나고 향긋한 매화향기가 넘쳐나기를 바란다.

2010년 8월
김 현 우

1. 매화나무가 있는 곳의 문화재 연혁이나 역사에 관해서는 주로
현지 안내판, 리플렛(안내문), 그리고 백과사전의 내용을 참고
하였다. 매화나무의 수령, 높이, 둘레 등 제원에 관해서는 주로
현지 안내판을 참고하였다.

2. 매화나무의 내력과 전설 등은 현지 안내판, 서원이나 사찰 등
의 홈페이지, 문화재청 홈페이지 등의 자료를 이용하였다.

3. 이 책에 실린 매화그림 · 매화도자기 이미지는 국립중앙박물관
과 강릉시립박물관으로부터 사용허가를 받은 것이다. 해당 그
림과 도자기 이미지 밑에 소장 박물관을 명기하였다.

매화나무
목차

01
매화나무 개관

02
매화나무 탐방

01 매화나무 개관

매화꽃은 지지 않는다. 봄바람에 몸을 맡기고 날아갈 뿐이다. 그리고 바람 닿은 모든 곳에 매화향기와 봄소식을 전한다. 매화는 봄의 꽃이다.

01 매화나무 개관

 **매화나무의 분포와 명칭**

:: 분포 및 특성

매화나무는 동북아시아 일대에 널리 분포하여 자라는 식물이다. 주로 한국, 북한, 중국, 대만, 일본 등지에 분포하여 자라고 있다. 중국 광동성, 사천성, 호북성 일대가 원산지로 알려져 있으며, 북송시대(北宋時代, 960~1126)에 매화재배가 본격화되었다고 전해진다.

매화는 장미과(科) 벚나무속(屬)의 낙엽수이며, 쌍떡잎식물이고, 하나의 꽃에 암술과 수술이 모두 들어 있는 양성화(兩性花)이다.

매화나무는 꽃이 필 때는 '매화나무', 열매가 맺힐 때는 '매실나무'라고 불린다. 꽃을 중심으로 할 때는 매화나무가 되고, 열매를 중심으로 볼 때에는 매실나무가 된다.

매화나무라고 부를 때와 매실나무라고 부를 때 와 닿는 느낌은 각기 다르다. '매화' 혹은 '매화나무'라고 할 때에는 문학·예술, 청렴, 기개 등 정서적이고 정신적인 분위기가 강하게 풍겨지며, '매실나무'라고 할 때에는 건강, 식품, 민간 의료약재 등 생활실용적인 분위기가 강하게 풍긴다.

매화를 부르는 이름은 여러 가지가 있다. 매화는 시기에 따라, 환경에 따라 다양한 명칭으로 불린다. 예를 들면 일찍 핀다고 하여 조매(早梅), 추운 겨울에 핀다고 하여 동매(冬梅), 눈 속에 핀다고 하여 설중매(雪中梅), 봄소식을 전한다 하여 춘매(春梅)라고도 부른다.

매화를 극진히 사랑했던 퇴계 이황은 백매(白梅)의 고결하고 탈속(脫俗)함을 들어 매화나무를 옥선(玉仙)이라 부르기도 하였다.

:: 한국 매화의 이름

향이 짙고, 소박하지만 정갈함이 느껴지는 토종 매화는 전국 여러 곳에서 자라고 있다. 오래되고 운치 있다고 손꼽히는 매화는 저마다 강릉 율곡매, 순천 선암매, 백양 고불매, 산청 정당매·남명매·원정매 등 고유의 이름을 갖는다.

:: 일본 이름 '우메'의 유래

일본에서는 매화를 바이카(baika, 梅花) 또는 우메(ume, 梅)라고 부르는데, '바이카'는 매화를 음독한 것이고, '우메'는 매(梅)를 훈독한 것이다. 일상생활에서는 '우메'를 주로 사용한다.

일본에서 매화 또는 매화나무를 '우메'라고 부르게 된
것과 관련하여 세 가지의 설이 있다. 일본에서 가장 오
래된 노래집인 '만요슈(萬葉集)'에 처음으로 등장하는
'우메'는 고유 일본어가 아니라 매실을 훈제하여 약용
으로 쓰는 '오매(烏梅)'의 한자어 오음(吳音)을 그대로
사용했다는 주장이 첫 번째 설이다.[1] 가장 지배적인 설
이기도 하다.[2]

두 번째 설은, '우메'의 어원은 중국어 '메이(mei, 梅)'라
는 주장이다. 8세기 중반에 매화가 중국으로부터 일본
에 전래될 때 일본인은 비음(콧소리)을 내고 있었다고
한다. 그래서 mei를 mme로 발음하고 있었는데 이것을
표기할 때에는 mume가 되었다가 나중에 ume로 바뀌
게 되었다는 설이다.

1) 참고로 '만요슈'에 수록
된 노래는 4,536수인데,
이 노래집은 오래되었
을 뿐만 아니라 문학적
으로도 높이 평가되며,
일본사상사 및 생활사
연구에 있어 귀중한 자
료로 평가되고 있다. 그
성립 시기에 대해서는
여러 가지 설(說)이 있
어 확실하지 않으나, 대
체로 630년대부터 760
년대까지 약 130년간에
걸쳐 가장 많은 작품이
만들어졌다고 한다.
2) 안형재 · 이상희 · 이어
령 · 최박광, '매화의 이
름을 찾아서', 이어령
편, 『매화』(서울: 종이나
라, 2005), 19쪽 참조.

세 번째 설은, 우리나라에 전래된 매화가 일본에 전해질 때 우리 말 '매(mae,
梅)'가 변형되어 'ume'가 되었다는 주장이다. '매'를 발음하면 비음을 내야 하
는데 이를 표기하면 mmae 또는 mme가 된다. 두 번째 설에서 제시하는 mei가
mme로 바뀌었고, 다시 mume로, 그리고 다시 ume로 바뀌었다는 설은 중간
과정이 생략되어 있는 듯하다. 중국어 mei는 한국에서 mae(梅)로 하였는데,
이것이 mme, mume로 그리고 나중에 ume로 바뀌어 간다는 가설이다.

어느 설이 맞는지는 모르지만 매화가 일본에 전래되는 과정에서 중국어 mei
(梅) 혹은 한국어 mae(梅)가 '우메(ume)'로 표기되기 시작하였다고 보아 크
게 무리는 없을 듯하다. 참고로 매화의 학명은 'Prunus mume'이다.

개화 및 결실

:: 개화

매화는 가장 먼저 봄을 알리는 꽃 중의 하나로 1월 하순~2월 초순부터 꽃이 피기 시작하고, 2월 중순부터 3월 중순 사이에 본격적으로 피어난다. 서울에는 4월이 되어야 피는 매화도 있다. 매화꽃은 2~3월에 잎보다 먼저 피며, 향기를 내기 시작한다. 개화기는 대체로 남부지방 1~3월, 중부지방 3~4월이다.

흰색 꽃이 피는 것을 백매, 붉은색 꽃이 피는 것을 홍매, 푸른빛 꽃이 피는 것을 청매라고 부르며, 봉오리 하나에 여러 겹의 흰 꽃이 피는 것을 만첩백매, 붉은 꽃이 피는 것을 만첩홍매라고 한다. 이 중 가장 맑고 깨끗한 느낌을 주는 것은 흰색 매화(백매)이고, 아름다움을 느끼게 해주는 것은 홍색 매화(홍매)이다. 만첩백매나 만첩홍매는 홑꽃잎(單葉) 백매나 홍매에 비해 풍성한 느낌은 있지만 매화의 청초하고 단아한 느낌은 떨어진다.

개화 시기는 지역에 따라 상당한 편차를 보인다. 예를 들면 경남 거제시 일운면의 구조라초등학교 분교에 있는 세 그루의 백매는 1월 말경에 꽃이 피기 시작하며 2월 중순이면 만개하고, 2월 하순이면 지기 시작한다. 반면에 서울 남산의 와룡매는 꽃봉오리는 2월경에 나오지만 꽃이 피는 것은 3월하순 ~ 4월 초순 이다. 꽃잎은 홑꽃잎의 경우, 대체로 5편이지만 더러는 6편도 있고 7편 이상도 있다.

:: 결실

매화나무의 열매인 매실의 모양은 대부분 원형이거나 타원형이다. 매실의 크기는 품종에 따라 다르지만 일반적으로 지름은 2~3㎝ 정도이고, 무게는

송광사 천자암 매화
(왼쪽은 5편엽, 오른쪽은 6편엽)

담양 소쇄원 매화

부여 동매

구미 매학정 매화

20~40g 정도 된다.

봄의 따사로운 햇빛이 쬐기 시작할 때, 매실은 소리 없이 잉태되어 자라나기 시작한다. 5~6월이 되면 매실의 껍질에 연한 노란색을 띠게 된다. 조생 품종의 경우에는 5월 말이나 6월 초에 수확되어 시중에 출하되기도 한다.

▍매화향기

매화가 많은 사람들의 사랑을 받아 온 것은 바로 그 향기 때문이다. 장미처럼 사람을 유혹하는 진한 향기는 아니지만 한 번 맡아 보면 쉽게 잊을 수 없는 향이 바로 매화향기이다.

나 자신이 고요한 마음을 가질 때 비로소 향기를 느낄 수 있다는 매화나무의 향기는 두 가지로 나눌 수 있다. 하나는 꽃잎에서 나오는 매화향(梅花香)이고, 다른 하나는 열매인 매실에서 나오는 매실향(梅實香)이다.

:: 매화향

'혹한의 추위에 얼어 죽을지라도 결코 향기는 팔지 않는다.'는 매화의 그윽한 향을 매화향이라고 한다. 좀 더 고상한 표현을 사용하자면 암향(暗香)이 된다. 매화꽃은 잎보다 먼저 피는데, 개화와 함께 맑게 느껴지는 향기를 터뜨린다.

매화가 필 무렵 남쪽으로부터 불어오는 바람에 매화향기가 실려 온다. 매화는 이른 봄에 꽃을 피우며 맑고 깨끗한 향기를 그윽하게 풍기는 봄꽃이다.

:: 매실향

매화향이 맑은 기운을 주는 향이라면, 매실향은 성숙한 매실에서 발산되는 달콤한 듯한 과일의 향기이다.

지역에 따라 조금씩 다르지만, 남부지방에서는 5~6월 들어서부터는 하루가 다르게 매실이 익으면서 향이 새어 나온다.

:: 매화차 향

매화향이나 매실향처럼 현장감각이 묻어나는 향기는 아니지만 매화꽃을 가공하여 차(茶)를 만들어 음용할 때 나오는 매화차 향기도 있다.

예로부터 매실은 3독을 없애 준다는 말이 있다. 3독이란 음식물의 독, 핏속의 독, 물의 독을 말하는데, 매실에는 독성물질을 분해하는 성분이 들어 있다고 한다. 매실의 이런 성분 때문에 매화를 꽃송이째 덖어서 만든 매화차를 즐기는 사람들이 늘고 있다. 전에는 매화를 감상하면서 정신을 가다듬었지만 지금은 매화도 감상하고, 매화차로 매화의 향과 맛을 느끼며 정신을 가다듬을 수 있다. 매화를 보는 것만으로도 정신이 맑아지는데, 여기에 매화차를 마시면 생기가 충만해지고 소화 또한 촉진시켜 준다고 한다.

매화를 좋아하는 사람들은 매화꽃잎을 따서 잘 말렸다가 찾아오는 손님에게 내놓는 차 위에 몇 잎을 띄워 마시는 이의 시각, 미각, 후각을 모두 편안하고 즐겁게 해 주기도 한다.

매화가지

매화가지(梅枝) 하면 먼저 떠오르는 것은 의적 일지매(義賊 一枝梅)이다. 의적이란 '의로운 도적'이고, 일지매란 '매화나무 가지 하나'라는 뜻이다. 소설로 발표되고, 영화로 만들어졌으며, 텔레비전 드라마로도 여러 차례 방영된 바 있는 '일지매'를 모르는 사람은 많지 않을 것이다. 여기에서 매화가지는 '의로움'의 상징이다.

봄이 되기 전에 매화나무는 부지런히 새로운 가지들을 내어놓는다. 그 가지들은 나무의 수령에 관계없이 대부분 하늘을 향해 뻗어 올라가며 자란다. 매화나무는 추위 속에서도 곧게 뻗은 줄기에 수분을 공급하는데, 이때 새 가지의 색깔이 연한 선홍색으로 변해 간다. 그러니 하늘로 뻗어 올라간 매화나무 가지는 차가운 세상의 역경을 헤치고 나와 세상에 나를 표현하는 의로움과 정의, 청렴 그리고 지조의 상징이 된 것이다.

가지에 수분이 공급되면 화색이 도는데 여기에는 봄을 먼저 맞이하고 이를 전하려는 매화나무의 굳은 의지가 담겨 있다. 이를 흔히 철간선춘(鐵幹先春)이라고 한다. 매화가지는 매화꽃을 피우기 위해 길을 닦는, 힘든 일을 마다하지 않고 노력하는 자의 상징이기도 하다.

강릉 오죽헌에 위치한 시립기념관에는 이이 율곡이 10세 이전까지 쓰던 벼루가 전시되어 있는데, '용연벼루'라고 불리는 이 벼루에 움트는 매화가지가 새겨져 있다. 매화꽃이 피고 열매 맺듯이 열심히 공부하라는 뜻에서 꽃망울이 없는 움트는 가지를 새겨 넣은 것이라고 전해진다. 매화가지를 새긴 깊은 뜻을 알 수 있다.

힘 있게 뻗어 오르는 매화가지와 꽃봉오리
(남해군 남해읍 선소리 2009. 02. 08)

하늘을 향한 가지들(창덕궁 낙선재 매화나무 2010. 03. 13)

봄을 맞아 새로 뻗은 작은 가지들
(남산 안중근의사 기념관 와룡매, 2009. 02. 17)

매화가지와 꽃봉오리(강진 다산초당마을, 2010. 02. 28)

새 가지에 꽃봉오리 하나(부여동매, 2010. 03. 20)

선비의 매화, 여인의 매화

:: 선비정신의 표상

매화의 꽃말은 '기품', '품격'이다. 겨울을 견디는 소나무(松), 대나무(竹) 그리고 매화나무(梅)를 세한삼우(歲寒三友)라고 하며, 난초·국화·대나무·매화를 사군자(四君子)라고 한다. 세한삼우에도 사군자에도 매화가 들어 있는 것은 선비의 고매한 품격을 상징하는 것으로 매화만 한 것이 드물기 때문일 것이다.

매화나무는 오래전부터 우리나라 각지의 야산이나 평지에서 자라나기도 하고, 또 선비의 집 뜰에 식재되어 관상용으로도 쓰이던 나무이다. 매화는 맑고 밝은 꽃과 깊은 꽃향기 때문에 선비나 화가들의 시·서(글)·화(그림)에 늘 등장할 만큼 사랑을 받아왔다. 무엇보다도 추위를 이기고, 꽃을 피워 봄을 먼저 알려주기에 불의에 굴하지 않는 의로운 선비정신의 표상이 되었다.

이렇게 지조와 절개 그리고 충성을 상징하는 나무인 매화나무는 혹한에도, 눈 속에서도 꽃을 피우므로 문인들이 시나 그림의 소재로 즐겨 사용하였고, 많은 사람들이 가까이 두고 감상하기를 즐겨 하였다.

사대부(士大夫)들과 문인, 묵객(墨客)들의 서재(書齋), 서원(書院) 그리고 정각(亭閣)을 중심으로 매화가 정원수로 식재된 경우가 많은 것을 볼 때 매화나무는 문인, 지식인들의 문화이고 멋이며 또 풍류였음을 알 수 있다.

:: 여인의 매화 – 절개와 기다림의 미학

절개의 상징인 매화와 댓잎을 비녀에 새긴 것을 매화잠(梅花簪)이라고 한다. 여인들은 매화잠을 머리에 꽂아 일부종사의 미덕을 늘 다짐하였다. 경사스러운 날에 여인들이 머리에 매화를 장식하는 매화장(梅花粧)도 결국은 여인들의 아름다움 추구 및 '기다림'과 관련이 있다고 볼 수 있다.

이렇게 조선시대에 매화는 여성에게 순결, 정절의 의미를 가졌다. 동시에 매화는 '기다림'이고 '희망'이었다. 베개, 은장도 등 장신구에도 매화문양이 그려져 있는데, 이는 매화잠, 매화장의 경우와 마찬가지로 단순한 치장이나 장식이 아니라 여인의 깊은 마음의 표현, 즉 기다림, 희망 그리고 사랑을 나타낸 것이다.

동북아시아 여러 나라의 매화

대만(중화민국)은 1964년에 매화를 국화(國花)로 공식 지정하였다. 매화의 3개의 수술은 삼민주의(三民主義)를 의미하며, 5매의 꽃잎은 5권헌법(五權憲法)을 상징한다. 또한 태양과 나란히 매화가 대만의 국가 문장(紋章)에 사용되고 있다.

중국 본토에서는 아주 오랜 옛날부터 식품, 민간요법 약재로서의 매실의 가치를 인정하고 활용하여 왔다. 중국인들은 매실을 소금이나 식초에 절여 두었다가 먹었으며, 매실로 장을 담그거나 매실주를 담기도 하였다.

일본에서는 매화가 전래된 이래 널리 사람들의 사랑을 받았으며, 문학이나 예술작품에 매화가 등장하기 시작하였다.

나라시대(奈良時代, 710~794)부터는 민간에서 매실을 소금에 절여 식용으로 사용하였는데, 이를 우메보시(梅干, 매실장아찌)라고 한다. 매실장아찌는 예나 지금이나 일본인의 유용한 식품으로 널리 애용되고 있다. 무로마치시대(室町時代, 1336~1573)부터는 무사계급에서 매화문장(梅花紋章)을 사용하기 시작하는 등 매화에 대한 애착과 경애심은 매우 높았다. 특히 무사(사무라이)들은 매화를 의리·신의의 상징으로 여겼다.

▌매화문양의 세계

매화는 특정한 종교를 상징하지 않는다. 불교, 유교 그리고 도교에서도 매화를 아끼고 가까이하여 왔다. 매화는 종종 교회나 성당의 담장, 경내에서 자라나기도 한다. 그리고 여러 서원이나 향교 주위에도 매화나무가 자라는 것을 볼 수 있다. 강릉 오죽헌, 구례 화엄사, 장성 백양사, 순천 선암사에 있는 매화나무는 천연기념물로 지정되어 있고, 해남 대흥사 담장에서는 매화문양을 볼 수 있다. 조계사나 범어사의 대웅전 창살 혹은 벽화에서도 매화문양이나 그림을 볼 수 있다.

가구, 도자기 등에서도 매화문양을 볼 수 있는데, 매화문양은 보는 이로 하여금 격조 높음과 단아함을 살려 주는 멋이 있기에 사람들이 가까이하고 있다. 전통 떡을 만드는 떡살에도 매화문양이 들어 있는데 그 문양은 맛과 멋을 더해 주는 불가결한 요소로 작용한다.

:: **경복궁 아미산 굴뚝 매화문양**

조선시대 태종(太宗) 임금은 경복궁(景福宮) 서쪽에 큰 연못을 파고 경회루

경복궁 아미산 굴뚝

를 세웠는데, 이때 연못에서 파낸 흙으로 왕비의 생활공간이자 침전인 교태전(交泰殿) 뒤뜰에 인공동산을 만들었다. 이를 '아미산(峨嵋山)'이라고 부르는데 아미산에는 굴뚝이 있다.

아미산의 굴뚝은 교태전 온돌방 밑을 통과하여 연기가 빠져나가는 굴뚝으로, 지금 남아 있는 것은 1865년(고종 2년) 경복궁을 고쳐 세울 때 만든 것이다.

연한 주황색의 6각형의 굴뚝 벽에는 매화나무, 소나무, 대나무, 국화 등의 무늬가 조화롭게 배치되어 있다. 각 무늬는 벽돌을 구워 배열하였고 벽돌과 벽돌 사이에는 회(灰)를 발라 화면을 구성하였다. 십장생(十長生), 사군자(四君子)와 장수·부귀 등 길상(吉祥)의 무늬와, 화마(火魔)·악귀(惡鬼)를 막는 상서로운 짐승들이 표현되어 있다.

아미산 굴뚝은 굴뚝으로서의 기능을 충실히 하면서 자연의 구도를 축소하여 예술적으로 소화한 각종 문양의 형태와 구성이 매우 아름다워 경복궁을 찾는 방문객들이 보고 가는 궁궐 후원(後苑)의 훌륭한 조형물 중의 하나이다. 동식물의 생태계를 상징하는 굴뚝의 무늬는 아미산의 중심을 이루고 있는데 결국 아미산 정원은 '신선이 사는 자연의 세계'인 것이다. 교태전 마루에서 왕

매화나무 문양

교태전

교태전 마루에서 내다본 아미산
굴뚝의 매화나무 문양

경복궁 수문장 교대식

비가 아미산을 내다보면 굴뚝에 조화롭게 배치된 매화나무, 소나무 등의 문양이 보이도록 되어 있다.

아미산 굴뚝은 1985년 1월 8일 보물 제811호로 지정되었다. 굴뚝은 모두 6기였지만 지금은 4기만 남아 있다.

:: 조계사 대웅전 문살 매화문양

조계사 대웅전(曹溪寺大雄殿)은 앞면 7칸·옆면 4칸으로 지붕의 옆면이 여덟 팔(八) 자 모양인 팔작지붕이다. 건물 사방의 문은 꽃 모양으로 장식된 문살로 되어 예술적 화려함과 정교함을 자랑하고 있다. 꽃 중에는 매화도 있으며 매화꽃과 꽃봉오리가 문살에 양각되어 있다.

대웅전은 본래 1922년 전라북도 정읍에서 창건된 보천사(普天寺)의 십일전(十一殿)을 1938년에 현재의 위치로 옮겨 지은 건물이며, 1920년대 조선시대 후기의 건축양식을 받아들이면서 전각의 대형화를 이룬 특징을 갖는 건물이다. 대웅전은 2000년 9월 10일 시도유형문화재 제127호(종로구)로 지정되었다.

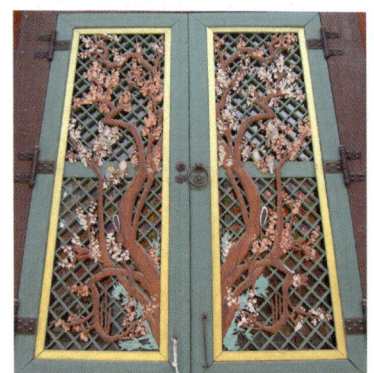 

조계사 대웅전 문살 매화문양

:: 해남 대흥사 담장 매화문양

대흥사의 매화문양은 대광명전(大光明殿) 건물과 동국선원(東國禪院) 건물을 둘러싼 수심당(修心堂) 건물과 좌우 그리고 뒤편 담장 벽에서 볼 수 있다. 건물 벽과 담장에는 매화나무·난초·차나무의 세 가지 초목(草木) 문양이 장식되어 있다. 동국선원 뒤편 담장은 매화나무 문양으로만 장식되어 있다. 한국인의 미적(美的)·문화적(文化的) 감각을 보여주는 장면이다. 담장에 매화문양 등을 장식했다는 점이 특이하다.

매화나무를 단순화한 대흥사 담장 매화문양

:: 구례 연곡사 대적광전 문살옆 매화그림

연곡사(燕谷寺)는 544년(신라 진흥왕 5년)에 연기조사(緣起祖師)가 창건한 사찰이다. 이 사찰은 임진왜란과 한국전쟁 등 전란을 겪으면서 여러 차례 소실되었으나 새로 지어 오늘에 이르고 있다.

연곡사 대적광전(전라남도 구례군 토지면 내동리)

구례에는 예로부터 매화나무가 많았으며, 연곡사 주변 마을에도 매화나무가 많이 자라고 있다. 이를 반영하듯 연곡사 대적광전 문살 옆에는 피어오르는 매화꽃과 매화나무가 그려져 있다.

▌그림과 도자기 속의 매화

943년에 축조된 고려 태조 왕건능(王建陵, 북한 개성)에서 발견된 벽화에서 세한삼우도(歲寒三友圖) 그림이 발견되었다. '세한삼우'란 겨울 추위를 견뎌내는 대나무, 소나무 그리고 매화나무를 일컫는 것으로 매화가 오래전부터 우리나라에서 미술의 주제 혹은 벽화장식의 한 부분으로 사용되었음을 보여주는 사례이다.

우리나라에서는 12세기 무렵 고려시대 중기부터 대나무와 더불어 매화그림이 그려지기 시작하였다고 한다. 매화그림 중 묵매화가 그려지기 시작한 것은 고려시대 말기인 13세기이다. 매화의 원산지로 알려진 중국에서는 북송시대(北宋時代) 말기인 11세기에 묵매화 그림이 그려지기 시작했다고 한다. 여기에서는 조선시대의 매화그림과 매화문양 도자기를 몇 가지 소개하고자 한다.

월매도(가로 53.6cm, 세로 119.4cm 국립중앙박물관 소장)

:: 월매도(月梅圖)

월매도는 어몽룡(魚夢龍, 1566~1617)이 조선시

대 중반에 그린 그림이다. 어몽룡의 조부는 판서, 부친은 군수를 지낸 사대부 집안이지만 어몽룡은 진천현감을 지냈으며, 오로지 그림 그리기에만 몰두하였다. 그의 작품 '월매도'는 매화나무 가지의 곧음, 강건함을 달밤의 모습으로 그린 것인데, 강약·완급을 조절한 매우 절제된 그림이라고 평가받는다.

월매도는 매창의 매화도와 화법과 구도에 있어 비슷한 것으로 평가되고 있다.

:: 설중탐매도(雪中探梅圖)

눈 속에 핀 매화를 찾아 나선 선비의 탐매행. 봄을 기다리는 것이 아니라 봄을 찾아가는 선비의 모습에서 '희망', '설렘' 그리고 '의지'를 읽을 수 있다. 설중탐매도는 조선시대의 화가 심사정(沈師正, 1707~1769)이 그린 그림이다.

현실적으로 깊은 산속 눈 속에 피어 있는 매화를 만나는 일은 쉽지 않은 일이다. 그림 속의 선비는 자기 마음속에 피어나는 매화를 만나러 가고 있는지도 모른다. 선비의 마음과 자연이 조화를 이룬 아름다운 풍경이다.

설중탐매도
(국립중앙박물관 소장)

:: 매창매화도

매창매화도(梅窓梅花圖)는 옥산국화도첩(玉山菊花圖帖)과 함께 2첩으로 구성되어 있는 도첩의 한 부분이며, 이 도첩은 1971년 12월 16일 시도유형문화재 제12호(강릉시)로 지정되었다.

신사임당(申師任堂)은 고매도, 묵매도 등 매화 그림을 즐겨 그렸으며, 맏딸의 이름을 '매창(梅窓)'으로 지을 만큼 매화를 사랑하였다. 매창이 그린 매화도는 묵화로서, 굵은 가지와 잔가지가 한데 어우러져 고요한 달빛 아래 은은하게 자신의 존재감을 드러내는 매화를 그린 담백한 느낌의 그림이다.

이 그림은 매창(율곡의 누이)과 옥산 이우(율곡의 아우) 남매의 그림을 이해하고 감상할 수 있는 소중한 자료인데, 후손인 이장희 가에 소장되어 오던 것을 1965년부터 2개로 나누어 오죽헌 강릉시립기념관에서 보존, 관리하고 있다.

매창매화도
(가로 26.5cm, 세로 30cm, 강릉시립박물관 소장)

습작묵매도(강릉시립박물관 소장)

:: 습작묵매도(習作墨梅圖)

'습작묵매도'는 신사임당의 딸 매창(梅窓)이 연습 삼아 그린 그림이다. 위의 매창매화도와 비교할 때 덜 다듬어진 작품이지만 매창의 초기 작품이라는 점에서 의의를 찾을 수 있다.

:: 백자 철화매죽문 큰항아리

백자 철화매죽문 큰항아리(白磁鐵畵梅竹文大壺)는 조선시대 중반인 16세기에 제작된 것으로 추정되고 있으며, 1974년 7월 9일 국보 제166

호로 지정되었다. 한쪽 면에는 매화, 다른 한쪽 면에는 대나무가 그려져 있는 이 항아리는 목 부분의 경사면에서부터 풍만하게 벌어지다가 서서히 좁아진 둥근 몸체의 항아리로서, 보는 이로 하여금 당당함, 생동감 그리고 안정감을 느끼게 한다. 항아리의 좌우 양단에 대나무잎이 보인다. 대나무와 매화나무는 세한삼우와 사군자에 들어가는 나무로서 지조, 절개, 그리고 청렴을 상징한다.

백자 철화매죽문 큰항아리(높이 41.3cm, 입지름 19cm, 몸지름 37.9cm, 밑지름 21.5cm, 국립중앙박물관 소장)

O2 매화나무 탐방

매화꽃은 지지 않는다. 봄바람에 몸을 맡기고 날아갈 뿐이다. 그리고 바람 닿은 모든 곳에 매화향기와 봄소식을 전한다. 매화는 봄의 꽃이다.

02 매화나무 탐방

1. 서울

<table>
<tr>
<td>
1 창덕궁 성정매
</td>
<td>
창덕궁의 정문 격인 돈화 문에 들어서서 50여 미터쯤 가다 보면 오른쪽에 금천교
</td>
<td>
3) 성정각은 본래 세자의 교육장이었으나 일제 강점기에는 내의원(內 醫院)으로 사용되기도 하였다.
</td>
</tr>
</table>

가 보인다. 이 다리를 지나, 진선문(進善門)을 들어서면 좌측으로 인정문(仁政門)이 있고, 다시 숙장문(肅章門)을 들어서 가다 보면 낙선재와 후원으로 갈라지는 지점 왼쪽에 성정각(誠正閣)이 있다.[3]

성정각의 자시문(資始門) 앞에 오래된 매화나무 한 그루가 자라고 있다. 관심을 갖고 보지 않으면 그냥 무심히 지나쳐 버릴 수도 있겠다는 생각이 들 정도로 수령에 비해 나무는 작아 보였고, 좁은 공간에서 자라고 있는 것이 안쓰러운 나무이다. 수령 400년, 나무 높이 4m인 이 매화나무가 창덕궁의 성정매(誠正梅)이며, 꽃을 보자면 여러 겹의 홍매가 피는 만첩홍매(萬疊紅梅)이다. 성정매의 원줄기는 혹한(酷寒)으로 고사하고 수세(樹勢)가 약해진 상태에서 곁가지가 자라난 것이다.

봄을 기다리는 매화. 하지를 지나면서 동지에 이르기까지 물이 나무의 뿌리 쪽으로 이동하기 시작한다.

동지 이후부터는 물이 줄기 쪽으로 올라가기 시작한다. 사진에서 가지의 색깔이 붉은색으로 변한 것을 볼 수 있다.

探梅	탐매
大枝小枝雪千堆	큰 가지 작은 가지 눈 속에 덮였는데
溫暖應知次第開	따뜻한 기운 응당 알아차려 차례로 피어나고
玉骨氷魂雖不語	옥골빙혼이야 비록 말하지 않더라도
南條春意最先胚	남쪽 가지 봄뜻 좇아 가장 먼저 망울 맺는구나

-김시습, '매월당집(梅月堂集)' 중에서-

자시문(資始門) 앞에 있는 만첩홍매인 성정매는 조선시대 선조 임금 (1567~1608) 때 명나라에서 조선에 보내 준 것이라고 전해진다.

이 매화나무는 본래 수세가 왕성하고 탐스러운 꽃이 만발하여 꽃잎이 떨어질 때면 눈송이가 날듯 장관을 이루기도 했다고 전하는데, 오래전에 심한 추위로 인하여 원줄기가 고사하였고 지금은 뿌리 둥치에서 돋아난 새로운 줄기와 가지들이 자라고 있다.

자시문과 성정매 가지

성정각 자시문

자시문 앞 성정매

창덕궁 인정전

:: 승화루 만첩홍매

성정매 맞은편의 승화루(承華樓) 삼삼와(三三窩) 앞에도 수령이 400년된 탐스러운 만첩홍매가 자라고 있다. 수없이 많은 꽃봉오리를 낸 이 홍매는 수세가 좋아 관리를 잘한다면 명매가 될 수 있을 것이다. 그 자라고 있는 위치가 좋고 공간이 넓어서 가지와 줄기가 높고 넓게 뻗을 수 있다. 나무 주변 관리를 지금부터 시작한다면 아름다운 매화나무로 자랄 것이다.

이 만첩홍매는 맞은편에 있는 성정매와 같은 내력을 가졌다. 즉 중국 명나라에서 매화 여러 그루를 보냈는데 그중 한 그루는 자시문 앞에, 다른 한 그루는 삼삼와 앞에 심어진 것이다. 그리고 궁내 이곳저곳에도 심어졌을 것이다.

승화루 만첩홍매   인정전 내부의 옥좌

인정전과 품계석.
정구품(正九品)이라고 새겨진
품계석이 보인다.

승화루 만첩홍매

:: 창덕궁

창덕궁은 1405년 조선시대 태종 때 지은 제2의 왕궁이다. 임진왜란 때 궁궐이 불에 타 폐허가 된 것을 광해군 때 다시 지었다. 임진왜란 이후 순종(1874~1926) 때까지 약 270여 년간 조선의 정궁(正宮) 역할을 한 곳이다. 원형이 가장 잘 보존되어 있는 조선 궁궐로서, 후원의 다양한 연못, 정자, 오래된 노거수 등이 자연과 잘 조화를 이루고 있다. 창덕궁은 1997년에 유네스코 세계유산으로 등재되었다.

창덕궁 성정매

승화루 만첩홍매

자시문 앞 성정매　◉ 서울시 종로구 와룡동 2-71

2 창덕궁 낙선재
매화나무

창덕궁 낙선재(樂善齋) 앞 매화 밭에는 수십여 그루의 백매와 홍매가 자라고 있다. 낙선재 앞 매화 밭은 매화꽃의 개화 시기인 3월경부터 일반인에게 공개하고 있다.

:: 낙선재

낙선재는 대궐 안에 있는 집이면서도 단청을 하지 않은 소박한 건물이다. 1847년(헌종 13년)에 건립되었으며, 국상(國喪)을 당한 왕후와 후궁들이 거처하던 공간으로서, 창덕궁에서 가장 최근까지 사용되었던 건물이다. 1963년 일본에서 돌아온 영친왕(英親王) 이은(李垠)이 이곳에서 사망하였으며, 영친왕의 비(妃)인 이방자(李方子, 일본명: 리 마사코) 여사가 1989년까지 이곳에서 생활하였다. 지금의 낙선재는 1996년에 복원된 옛 모습이다.

승화루(낙선재 뒤편)

서울의 봄을 알리는 낙선재 매화

낙선재

이방자 여사가 거처하던 낙선재

봄과 희망을 노래하는 낙선재 매화나무
◉ 서울시 종로구 와룡동 2-71

　남산 기슭의 안중근의사 기념관 부근에서 자라고 있는 홍매 한 그루, 백매 한 그루는 모두 '와룡매'라고 불리는 매화나무이다. 크게 성장하면 '엎드린 용'의 모습을 하기 때문에 '와룡매'라고 부른다. 수령은 두 나무 모두 16년, 나무 높이는 각각 3.0m이다.

:: 나무에 얽힌 사연

　창덕궁 선정전(宣政殿) 앞에 있던 와룡매(臥龍梅)는 홍색과 백색의 수려한 자태로 궁궐을 장식하고 있었는데, 임진왜란 때 일본군 장수에 의해 뿌리째 뽑혀 일본으로 건너갔다.[4]

4) 선정전은 임금의 집무실이었다. 임진왜란 때 화재로 소실된 것을 후에 복원하였다.

1592년 정월 도요토미 히데요시(豊臣秀吉)는 조선 침략을 위해 출병(出兵) 명령을 내렸고, 센다이(仙臺) 지역의 성주였던 다테 마사무네(伊達政宗, 1567~1636)도 침략군대의 대열에 참가하였다.[5] 다테 마사무네는 1593년 4월 13일에 부산에 상륙한 다음 곧바로 서울로 진격하여 창덕궁 궐내에 있던 매화나무를 뽑아 전리품의 하나로 일본으로 가져갔다. 다테가 뽑아간 매화나무가 몇 그루인지 알려진 바는 없지만 네 그루 설이 유력하게 제기되고 있다.[6]

다테 마사무네가 1593년 일본으로 가져간 와룡매는 모두 네 그루인데, 미야기형무소 안에 한 그루, 센다이 시민공원 안에 한 그루, 그리고 미야기현 마츠시마(松島)의 즈이간지(瑞巖寺)에 두 그루(홍매·백매 각 한 그루)가 있다.[7] 즈이간지의 와룡매는 1942년 9월 12일 일본의 천연기념물로 지정된 바 있다.

미야기현의 사찰 다이린지(大林寺)는 안중근 의사가 순국하기 전에 감옥에서 알게 된 일본인 교도관의 위패가 안치된 절이며, 해마다 이곳 주민들이 모여 안중근 의사 추도법회를 여는 절이기도 하다.[8] 그 교도관은 여순(旅順)감옥에서 안 의사가 형을 집행 당하기 직전에 받은 안 의사의 붓글씨를 평생 보관해 오면서 안 의사의 명복을 빌어 왔다고 한다. 그는 자신의 임종이 가까워지자 그의 부인에게 붓글씨를 건네주며 죽을 때까지 안 의사의 명복을 빌도록 하였다. 그러나 그들 부부에게는 자손이 없어 부인은 자신의 임종이 가까워서는 안 의사의 붓글씨와 남편의 위패를 다이린지에 보냈다고 한다.

5) 센다이는 일본 도호쿠(東北) 지방 미야기현(宮城縣)에 있는 도시이다.

6) 안형재, 『한국의 매화』(서울: 북랜드, 2001), 105~106쪽 참조.

7) 안형재, 앞의 책.

8) 미야기현(宮城縣) 마쓰시마(松島)의 이름 있는 사찰 즈이간지는 828년에 지카쿠 대사(慈覺大師)가 건립하였으며, 에도시대(江戶時代) 초기인 17세기에 다테 마사무네가 가람 배치를 완성하였다. 사찰이 지금의 형태로 지어진 것은 1609이다. 이 사찰은 1989년에 일본의 국보로 지정되었다.

:: 와룡매의 귀환

1998년 9월 5일 일본 미야기현에 소재하는 다이린지(大林寺)에서 개최된 안중근 의사 추도 법회에 참석한 즈이간지 주지가 행사 후 가진 '한일친선 간담회'에서 와룡매를 한일친선의 상징으로 남산 기슭에 있는 안중근의사 기념관에 식재할 수 있도록 한국에 보내고 싶다는 뜻을 밝혔다. 그리고 1999년 3월 26일 안중근 의사의 추도식에 맞춰 환국하게 되었다. 즈이간지 측이 400여 년 만에 사죄의 뜻을 담아 와룡매의 자목을 한국에 보냄으로써 안중근의사 기념관 앞에 식재할 수 있게 된 것이다.

약 400여 년간 일본 땅에서 인고의 세월을 보낸 와룡매는 가지를 떼어 접목이 된 채 그 분신인 묘목으로 1999년 3월 10일 고국으로 돌아와 남산에 있는 안중근의사 기념관 뜰에 심어졌다. 참고로 다이린지는 안중근 의사가 순국하기 전에 쓴 유묵 '위국헌신 군인본분(爲國獻身軍人本分)'이 보관되어 있는 곳이다. 당시 여순 감옥의 교도관이었던 지바 도시치(千葉十七) 씨의 위패도 이곳에 있다.

:: 와룡매의 상태

안중근의사 기념관 최명수 과장의 안내로 매화나무를 돌아볼 수 있었는데, 백매는 그동안 꽃은 피었지만 매실이 열리지 않았다고 한다. 그래서 지방의 어느 수목원에서 백매 가지를 꺾어다가 페트병에 흙과 함께 담아 나무줄기에 달아 두어 꽃이 피도록 유도하였고, 그렇게 하자 2007년에 백매에서 매실이 여러 개 달린 것을 볼 수 있었다고 한다. 안중근의사 기념관 부근에 심어져 있는 백매와 홍매 두 그루의 발육상태는 양호한 편이다.

2010년 현재 와룡매의 발육상태는 좋아 보였고, 백매와 홍매 두 그루 모두에서 많은 꽃이 피었으며, 가지와 줄기가 잘 자라고 있어 앞으로도 더욱 많은 꽃이 필 것이다.

남산 기슭에 있는 이 두 그루의 와룡매가 더욱 성장하여 와룡매의 맥을 잇고, 건강하고 발전적인 한일관계의 시작을 알리는 상징물이 되기를 기대한다.

:: 안중근의사 기념관

안중근의사 기념관은 20세기 초 일본의 침략으로 국운이 백천간두에 처했을 때 국권(國權) 회복과 동양평화의 구현을 위하여 활약하다가 1910년 3월 26일 중국 여순(旅順) 감옥에서 순국한 안중근 의사(1879~1910)의 생애, 사상, 위업 등을 보고 들을 수 있는 역사의 교육장이다. 1970년 10월 개관하였으며 2001년 현대화 보수공사로 시설과 전시내용을 새롭게 단장하였다.

보수공사를 하였지만 그래도 공간이 협소하여 2010년 7월 현재 기념관 바로 옆에 새롭게 기념관 건물을 신축하고 있다.

동포에게 고함

대한제국 의군 참모총장 안중근

내가 한국 독립을 회복하고 동양평화를 유지하기 위하여
삼 년 동안 해외에서 풍찬 노숙하다가 마침내
그 목적을 도달치 못하고 이곳에서 죽노니
우리들 이천만 형제자매는 각각 스스로 분발하여
학문을 힘쓰고 실업을 진흥하며 나의 끼친 뜻을 이어
자유독립을 회복하면 죽는 자 유한이 없겠노라.

옛 안중근의사 기념관

서울타워 아래 두 그루 와룡매(사진 왼쪽은 백매, 오른 쪽은 홍매)

와룡매 백매 ● 서울시 중구 남대문로 5가 471(남산도서관 뒤)

2. 강릉 · 강원

<table>
<tr><td>4</td><td>강릉 오죽헌
율곡매

천연기념물</td></tr>
</table>

매화는 향기와 꽃빛이 맑고 깨끗하기 때문에 어떤 이들은 이를 '청객(清客)'이라고 부르기도 한다. 진심을 가진 맑고 밝은 깨끗한 꽃이라는 뜻이다. 또한 눈보라 속에서도 굳은 절개와 강인한 생명력을 꽃피워 기다림, 희망, 미덕, 충성의 상징으로 여겨지는 것이 매화이다.

강릉 오죽헌의 율곡매 (栗谷梅)는 우리나라에서는 아주 오래된 매화나무의 하나로서, 수령 600년, 나무 높이 9m이며, 줄기 밑동으로부터 약 90㎝의 높이에서 두 줄기로 갈라져 자라고 있다. 율곡매는 매실이 크기로 유명하다.

오죽헌

율곡 선생, 매창 그리고 신사임당이 아꼈던 이 매화나무는 2007년 10월 8일 천연기념물 제484호로 지정되었다.

율곡 이이 동상

:: 나무 유래

오죽헌 별당채 건물 몽룡실(夢龍室) 뒤쪽 모서리에 있는 율곡매는 오죽헌이 들어설 당시인 1400년경에 식재되었으며, 신사임당과 율곡 이이가 나무를 직접 가꾸었다.[9]

아름답기로 유명한 이 매화나무는 연분홍 꽃을 피우는 홍매로서, 3월 20일을 전후하여 매화꽃이 피는데, 은은한 매향이 오죽헌 경내에 퍼져 정취를 더해 준다.

9) 몽룡실은 율곡의 어머니 신사임당이 1536년 (중종31년) 12월 26일 새벽에 검은 용이 동해 바다로부터 날아와 침실에 서려 있는 꿈을 꾸고 율곡 선생을 낳았다 하여 붙은 이름이며, 율곡의 아호를 '현룡'이라고 하였다.

율곡매와 안채 건물

신사임당은 맏딸의 이름을 매창(梅窓)으로 지을 만큼 매화를 사랑하였다. 매창 또한 앞에서 언급한 것처럼 매화를 사랑하여 '매화도'를 남겼다. 신사임당은 4남 3녀를 두었는데 그중 맏딸 매창, 셋째 아들 율곡 이이, 넷째 아들 옥산 이우는 학문적, 예술적으로 성취를 이룬 인물들이다.

큰 매실을 맺는 율곡매

梅梢明月(매초명월)　　　매화나무 가지의 밝은 달

梅花本瑩然(매화본영연)　　　매화 본성이 하 정결터니
映月疑成水(영월의성수)　　　달빛 어리니 물인 듯하이.
霜雪助素艶(상설조소염)　　　눈서리 흰 살결 고움을 도와
淸寒徹人髓(청한철인수)　　　맑고 싸늘함이 뼈에 시리다.
對此洗靈臺(대차세령대)　　　너를 대해 내 맘을 씻나니
今宵無點滓(금삭무점재)　　　오늘 밤은 앙금 하나 없구나

　　　　　　　　　　　　　　　율곡 이이

:: 오죽헌

강릉에는 우리나라에 현존하는 주택 중 가장 오래된 건물인 보물 제165호 오죽헌(烏竹軒)이 있다. 오죽헌이라는 이름은 대나무 줄기의 빛깔이 까마귀처럼 검은 색이어서 생긴 이름인 오죽(烏竹)에서 유래되었다.

오죽헌 별당채(오른쪽 방은 몽룡실)

오죽헌은 원래 수재 최응현의 집이었는데, 둘째 사위인 이사온(李思溫, 신사임당의 외할아버지)에게 상속되었다가 이사온의 딸 용인 이씨(신사임당의 어머니)에게 상속되었다.

이사온은 슬하에 아들이 없이 무남독녀인 이씨 부인(신사임당의 어머니) 하나만을 두었고, 이씨 부인도 신명화(申命和)와 결혼하였으나 역시 아들이 없이 딸만 다섯을 두었는데 그중 둘째가 신사임당이다.

용인 이씨는 재산을 물려줄 때 외손 이이에게는 조상의 제사를 받들라는 조건으로 서울 수진방 기와집 한 채와 전답을 주었고, 권처균에게는 제사를 받들고 묘소를 보살피라는 조건으로 오죽헌 기와집과 전답을 주었다. 외할머니로부터 집을 물려받은 권처균(權處均)은 집 주위에 검은 대나무가 무성한 것을 보고 자신의 호를 오죽헌(烏竹軒)이라 하였는데, 이것이 후에 집 이름이 되었다.

오죽헌은 사임당 신씨(1504~1551)와 아들 율곡 이이(李珥, 1536~1584)가 태어난 유서 깊은 집이다.

오죽헌은 조선시대 문신 최치운(1930~1440)이 지었고 우리나라 건축물 중에 오래된 건물로 손꼽히는 유서 깊은 역사를 가진 건물이다. 1975년에 대대적인 정화사업을 하여 오늘의 모습을 갖춘 명소로 되었다.

경내 어제각(御製閣)은 율곡의 저서 '격몽요결'과 율곡이 유년기에 사용하였던 용연벼루를 보관하는 유품 소장각이다. 임금의 어명으로 지었다하여 '어제각'이다. 현재 이곳에는 율곡 이이 선생의 초상화, 오죽헌과 벼루가 도안되어 있는 오천원권 지폐가 전시되어 있다.

율곡이 10세 이전에 쓰던 이 용연벼루에는 매화가지가 새겨져 있다. 꽃망울이 없고 움트는 가지만 있는 것은 싹이 피고 열매를 맺기에 율곡은 아직 어리다 하여 이 벼루가 닳도록 먹을 갈아 써서 매화꽃이 피고 열매 맺듯이 열심히 공부하라는 의미라고 전한다.

어제각

어제각(임금을 높이는 뜻에서 임금 어'御'자를 약간 위에 적었다)

용연벼루

◉ 강원도 강릉시 죽헌동 201
◉ 관리자 : 강릉시

명품 매화나무 율곡매

강릉 경포호 부근에 '허균·허난설헌 생가터'가 있다. 그 맞은편에는 '허균·허난설헌 기념관'이 자리하고 있다.

허난설헌은 1563년(명종 18년) 강릉 초당 생가에서 초당 허엽의 삼남 삼녀 중 셋째 딸로 태어났다. 허난설헌의 이름은 허초희(許楚姬)이다. '난설헌(蘭雪軒)'은 초희의 호이며, 난초(蘭)의 청순함과 눈(雪)의 깨끗한 이미지를 따서 '난설헌'이라 지은 것이다. 허난설헌은 8세 때인 1570년(선조 3년) '광한전백옥루상량문'을 지었으며 뒷날 주옥같은 시 213수를 남겼다. 허난설헌은 15세 때인 1577년에 서당 김성립과 결혼하였다. 그리고 1589년 27세의 젊은 나이에 이승을 떠났다.

남동생 허균은 집안에 흩어져 있던 허난설헌의 시를 모으고, 자신이 암기하고 있던 것을 모아서 '난설헌집' 초고를 만들고, 1608년에 '난설헌집'을 간행하였다. 여기에는 '광한전백옥루상량문(廣寒殿白玉樓上樑文)'이 실려 있고, 명나라 사신 주지번(朱之藩)과 양유년(梁有年)의 서문이 책머리에 실려 있다. '난설헌집'은 1692년 동래부(東萊府)에서 중간(重刊)하였다.

집안 여인들이 주로 사용하던 문과 우물

생가터 전경

허균 · 허난설헌 생가터의 홍매

허균 · 허난설헌 기념관

기념관 내부

기념관 옆의 시비

허난설헌 시비

:: 허균 · 허난설헌 생가 터

강릉시 초당동에 소재하는 허균 · 허난설헌 생가 터는 문화재자료 제59호(강릉시)로 지정되어 있다. 안채는 정면 5칸, 측면 2칸의 규모이며, 넓은 부엌과 방, 대청마루로 구성되어 있다. 우물과 방앗간 옆으로 좁은 문을 두어 여성들이 출입할 수 있도록 하여 남녀의 구분을 하였다. 가옥 주변의 소나무 숲은 전통적인 한옥의 멋과 넉넉함을 더해준다.

허균 · 허난설헌 기념관에서 바라본 생가터 건물 ● 강원도 강릉시 초당동 475−3

3. 대전 · 충남

<table>
<tr><td>6</td><td>부여 진변리
부여동매</td></tr>
</table>

부여군 규암면 진변리의 부산서원 입구 왼쪽에 동매(冬梅), 즉 겨울매화가 한 그루 자라고 있다.

부여동매(扶餘冬梅)라고 불리는 이 매화나무는 수령 70년, 나무 높이 5m이며, 1984년 5월 17일 문화재자료 제122호(부여군)로 지정되었다. 서원 관리자의 말에 의하면, 부여동매는 매년 12월 하순에 매화꽃이 몇 개 피었다가 지며, 그 이듬해 3월이 되면 다른 꽃들이 피어나 만개하는 나무라고 한다.

:: 부산서원

부산서원(浮山書院)은 1719년(숙종 45년)에 김집(金集)·이경여(李敬輿)의 학문과 덕행을 추모하고 기리기 위하여 지역 유림들의 공론에 의하여 창건되었다. 창건하면서 사액을 받았으나 1871년(고종 8년) 흥선대원군의 서원 철폐령에 의하여 문을 닫았다.

훼철된 서원의 복설을 위하여 1970년대에 '부산서원 복설추진위원회'가 구성되어 복설추진 사업을 시작했으며, 1977년에 충의사 건물을 완성하였다.

부산서원

:: 나무 유래

부여동매와 관련하여 두 가지의 설이 있다.

첫째, 조선시대 제17대 임금인 효종 때 영의정을 지낸 백강(白江) 이경여(李敬興) 선생이 명나라에 수신사(修身使)로 갔다가 매화나무 세 그루를 가져와 심었다고 전한다. 두 그루는 고사(古死)하고 나머지 한 그루마저 일제 강점기 말기 불에 타 죽었다고 한다. 현재의 동매는 불에 타 죽었던 나무뿌리에서 싹이 나 자란 것이다. 현재 부여동매 앞에 있는 안내판에 적힌 내용이다.

둘째, 이경여(李敬興)는 병자호란 때 배청친명파(排淸親明派)로 몰리고, 청나라 연호(年號)를 쓰지 않은 것을 이규(李珪)가 청나라에 밀고함으로써 청나라의 노여움을 사게 되었다. 조선은 병자호란 때 청나라에 항복하였고, 이경여는 인조(仁祖)의 세 아들인 소현세자, 봉림대군, 인평대군 등과 함께 청나라에 볼모로 잡혀갔다. 셋째 아들 인평대군은 이듬해에 돌아왔으나, 이경여는 1645년 귀국할 때까지 8년여 동안 인조의 맏아들 소현세자와 둘째 아들 봉림대군과 함께 중국 심양(瀋陽)에 억류되어 있었는데, 해마다 창밖에 동매(冬梅)가 피는 것을 보고 이역만리 타국에서 향수를 달랬으며, 귀국길에 매화 한 그루를 가져다가 지금의 부여 백마강 변에 있는 부산서원 앞에 심었다는 설이다. 백강은 이 매화를 동매(冬梅) 또는 설중매(雪中梅)라 불렀다.

부여동매 표지석

:: 백강(白江)마을의 유래

산자수명한 백마강변 부산(浮山) 아래 동매 향기 그윽한 백강마을은 조선시
대 효종 임금 때 영의정을 지낸 충신 백강 이경여(李敬與) 선생이 낙향한 후
많은 인물을 육영(育英)하고 입신한 역사의 마을이다. 이 마을 부산서원에서
는 김집(金集) 선생과 이경여 선생을 배향하고 있다.

● 충청남도 부여군 규암면 진변리

매화나무

수덕사 경내에는 '수덕매(修德梅)'라고 불리는 매화 한 그루가 자라고 있다. 사찰의 이름만큼이나 수더분하고 조용한 느낌을 주는 수덕매는 그 존재나 위치를 아는 사람이 별로 없다. 아무도 알아주는 사람은 없지만 수덕매는 오늘도 수덕사 대웅전 옆 한적한 좁은 길가에서 세상을 내려다보고 있다.

조인정사 건물 오른쪽 길가에 있는 수덕매

밑에서 올려다 본 수덕매

수덕사의 향기—수덕매

대웅전 옆 축대에는 '흰색 선녀'라고 불러도 좋을 만큼 예쁜 흰색의 꽃이 피어난다. 2009년 4월 하순에 수덕사를 찾았을 때 경비원 아저씨가 매화의 한 종류 라고 알려주었다. 이 나무는 온통 흰색 꽃으로 덮혀 있다.

:: 수덕사 창건 설화

수덕사 창건 설화는 두 가지가 있는데, 그중 '덕산향토지'에 수록되어 있는 창건 설화내용은 다음과 같다.[10]

10) 수덕사 홈페이지에서 재인용. http://www.sudeoksa.com/int/?sdir=history&tfile=list1/ (검색일: 2009. 07. 26).

홍주마을에 사는 '수덕'이라는 이름을 가진 도령이 있었다. 수덕 도령은 훌륭한 가문 출신 자제였는데, 어느 날 사냥을 나갔다가 사냥터의 먼발치에서 한 낭자를 보고 사랑에 빠지게 된다. 집에 돌아와 곧 상사병에 걸린 도령은 수소문한 결과 그 낭자가 건넛 마을에 혼자 사는 덕숭 낭자라는 것을 알게 되

수덕사의 흰색 선녀　　　　　대웅전 건물 왼쪽 석등 밑 석축

어 청혼을 했으나 여러 번 거절당하였다. 수덕 도령의 끈질긴 청혼으로 마침내 덕숭 낭자는 자기 집 근처에 절을 하나 지어 줄 것을 조건으로 청혼을 허락하였다. 수덕 도령은 기쁜 마음으로 절을 짓기 시작하였다. 그러나 탐욕스러운 마음을 버리지 못했기 때문에 절을 완성하는 순간 불이 나서 소실되었다. 다시 목욕 재개하고 예배 후 절을 지었으나 이따금 떠오르는 낭자의 생각 때문에 다시 불이 일어 완성하지 못했다. 세 번째는 오로지 부처님만을 생각하고 절을 다 지었다.

그 후 낭자는 어쩔 수 없이 결혼을 하였으나 자신의 몸에 수덕 도령이 손을 대지 못하게 하였다. 하지만 이를 참지 못한 수덕 도령이 덕숭 낭자를 강제로 끌어안는 순간 뇌성벽력이 일면서 낭자는 어디론가 가 버리고 낭자의 한쪽 버선만이 쥐어져 있었다.

그리고 그 자리는 바위로 변하고 옆에는 버선 모양의 하얀 꽃이 피어 있었다. 이 꽃을 버선꽃이라 한다. 낭자는 관음보살의 화신이었으며 이후 수덕사는 수덕 도령의 이름을 따고 산은 덕숭 낭자의 이름을 따서 덕숭산이라 하여 '덕숭산 수덕사(德崇山修德寺)'라고 하였다.

매화꽃 필 때가 아니면 좀처럼 그 모습을 드러내지 않는 수덕매　수덕매 오른쪽의 연한 녹색은 느티나무이다

수덕사 관음바위와 동전

옆에서 본 대웅전

수덕사 대웅전　● 충청남도 예산군 덕산면 사천리 수덕사

대전 삼매당 매화나무

'매화나무 세 그루가 있는 집'이라는 뜻의 삼매당 (三梅堂)은 1989년 3월 18일 문화재자료 제1호(대 전시 동구)로 지정되었다. 본래 삼매당 주변에는 세 그루의 매화나무와 다섯 그루의 버드나무가 있었는데 현재의 삼매당은 80년 전에 자리를 옮겨 온 것이다.

삼매당 앞에는 벚나무 두 그루가 자라고 있는데 그 자리에 매화나무 묘목을 심 어 '삼매당'의 이미지를 관리하는 것도 좋을 것이다. 다행스럽게도 지금 삼매당 주변에는 여러 그루의 매화나무가 자라고 있다.

:: 삼매당

삼매당은 조선시대 선조 때 연원도 찰방(連原道察訪) 을 지낸 삼매당 박계립(朴繼立: 1600~?)이 지은 건물 이다. 이 건물은 앞면 3칸, 옆면 2칸으로 원래는 소제 동의 기국정(杞菊亭)과 서로 바라다보이는 곳에 있었 으나, 1930년 하천변이라 침수의 우려가 있어 선생의 19대손 박태흥(朴泰興)이 남간정사(南澗精舍)의 맞은 편 언덕인 이곳으로 옮겨 놓았다.[11]

11) 남간정사는 1683년(숙 종 9년)에 우암 송시열 이 지은 서당 건물로, 대전광역시 동구 가양 동에 있다. 송시열은 이곳에서 제자들을 가 르치고 그의 학문을 완 성시켰다.

삼매당 현판

뒤에서 본 삼매당

삼매당 현판에는 우암 송시열이 쓴 '삼매당 팔경(八景)'과 여러 문인(文人)들이 쓴 시(詩)가 적혀 있다.

:: 나무 유래

박계립은 지금의 대전시 동구 가양동에서 태어났으며, 관료생활을 하다가 관직에서 물러난 후 1644년(인조 22년)에 이곳에 집을 짓고 정원에 매화나무 세 그루를 심었으며, 사방에 정자를 세워 버드나무 다섯 그루를 심고 그 이름을 오류정(五柳亭)이라 하였다. 그리고 자신의 호를 삼매당이라 하였다.

그 후 삼매당을 이곳으로 옮긴 후손 박태흥이 '삼매당'의 의미를 몰랐을 리는 없다. 따라서 버드나무는 몰라도 덩치가 작은 매화나무 세 그루는 옮겨 심었을 가능성이 있다. 현재 삼매당 앞 민가 담장에서 자라고 있는 한 그루의 매화나무는 옮겨 심은 나무 중의 하나일 가능성이 있다. 집주인에게 그 나무의 유래를 물었으나 근년에 이곳으로 이사 왔기 때문에 나무의 유래는 모른다고 한다. 그 매화나무는 위로도 성장하였지만 옆으로도 뻗어 집주인이 여러 개의 받침대를 세워 가지를 보호하고 있다.

삼매당은 우암사적공원 맞은편에 보이는 동구문화회관 옆에 위치하고 있다.

삼매당 앞 민가에서 자라는 매화나무

삼매당과 매화나무들

삼매당 ◉ 대전시 동구 가양동 11-1

4. 전주 · 전북

9 부안 내소사 매화나무

내소사에는 세 그루의 매화가 있다. 두 그루는 백매이고 다른 한 그루는 홍매이다. 홍매는 대웅보전을 바라볼 때 왼쪽에 있고, 백매 한 그루는 오른쪽에 있다. 다른 백매 한 그루는 대웅보전을 가기 전에 만나는 봉래루 앞에서 자라고 있다.

그리 크지 않은 바위에 기대어 균형을 잡고 자라는 봉래루 앞 백매

봉래루 앞 백매

:: 사찰 내력

내소사는 대한불교 조계종 제24교구 본사인 선운사(禪雲寺)의 말사이다. 원래 이름은 소래사(蘇來寺)였으며 633년(선덕여왕 2년) 신라의 혜구(惠丘)가 창건했다고 전한다. 당나라 장수 소정방(蘇定方)이 석포리에 상륙한 후 이 절을 찾아와 군중재(軍中財)를 시주한

돌을 쌓는 이들의 마음을 읽는 봉래루 앞 백매

일을 기념하기 위하여 절 이름을 내소사로 바꿨다는 설이 있으나 사료적인 근거는 없다고 한다. 이 절에 관한 기록은 '동국여지승람'과 최자의 '보한집(補閑集)' 가운데 정지상이 지은 '제변산소래사(題邊山蘇來寺)'라는 시가 있고, 이규보의 '남행일기(南行日記)'가 있는데 모두 '소래사'로 기록되어 있어 언제 '내소사'로 바뀌었는지 분명치 않다.

내소사는 1633년(인조 11년) 청민(靑旻)에 의해 중건되었고 1902년 관해(觀海)에 의해 개축된 뒤 오늘에 이르고 있다. 현재 이 절에 있는 중요 문화재로는 고려동종(보물 제277호), 법화경절본사경(보물 제278호), 대웅보전(보물 제291호), 영산회괘불탱(보물 제1268호)이 있고 그 밖에 설선당(說禪堂) · 보종각(寶鐘閣) · 연래루(蓮萊樓) · 삼층석탑 등이 있다.

대웅보전 앞 홍매 ● 전라북도 부안군 진서면 석포리 268

대웅보전 앞 홍매

대웅보전 앞 백매

대웅보전

대웅보전 앞 백매

5. 광주 · 전남

10 광주 전남대학교 대명매

전남대학교　구내에는 수령　400년,　나무높이 5.5m의　매화나무가　한 그루 있다. '대명매(大明梅)'라고 불리는 이 나무는 수형이 잘 다듬어져 있으며 건강하게 자라고 있다. 그 옆에는 수령 200년, 높이 5.5m의 매화나무 두그루가 나란히 자라고 있다.

전남대학교 정문에 들어서서 보행로를 따라가면 우측에 대강당 건물이 보인다. 대강당 앞에는 이 학교의 초대 총장을 지낸 최상채 박사(1952년 취임, 1960년 퇴임)의 동상이 있다. 동상을 바라볼 때 그 왼쪽 길가에 대명매가 자라고 있다.

대명매

:: 나무 이식

　전남대학교 농과대학 고재천 학장의 고향인 담양에서 자라던 대명매는 1961년 10월 17일 고재천 박사가 이를 전남대학교 농과대학에 기증하여, 농과대학 구내로 옮겨졌다가 1976년에 현재의 대강당 앞자리로 다시 옮겼다.

:: 나무 유래

고재천 학장의 11대 조상인 고부천(高傅川)이 1621년(당시 44세) 진문사 서상관(秦聞使 書狀官)으로 명나라 북경(北京)에 갔을 때 희종황제(熹宗皇帝)로부터 홍매화를 증정받아 이를 고향인 담양군 창평면 유촌리에 식재한 후 '대명매(大明梅)'라고 명명하고 재배하여 오던 나무이다.

● 광주광역시 북구 용봉로 77

순천 선암사 경내에는 수령이 350~650년에 이르는 오래된 매화나무 50여 그루가 서식하고 있다. 경내 원통전 각황전 담길을 따라 운수암으로 오르는 길에, 주로 종정원(宗正院) 돌담길에 있는 이들 매화나무를 가리켜 선암사 선암매(仙巖梅)라고 부른다. 가장 오래된 매화나무는 수령 650년, 나무 높이 11m의 백매이며, 이들 선암매는 2007년 11월 26일 천연기념물 제488호로 지정되었다. 선암매 여러 나무들은 각기 수령과 나무 높이가 다르나 대체로 수령 350~650년 사이이며, 나무 높이는 5~12m까지 다양하다. 경내 이곳저곳에 널리 분포하여 자라고 있는 매화나무들은 꽃봉오리가 맺히고, 꽃이 피는 봄철에 특히 그 아름다움을 발산한다. 매화를 보기 위해 선암사를 찾는다는 말이 나올 정도이다. 선암사의 매화는 3월에서 4월에 걸쳐 피는데 3월 말경에 만개한다.

선암매

:: 선암사 승선교

선암사의 부도(浮屠)를 지나 경내에 이르면 시냇물을 건너야 하는데 그 건널목에 놓인 다리가 승선교(昇仙橋)이다. 시냇물의 너비가 넓은 편이라서 다리의 규모도 큰 편인데, 커다란 무지개 모양으로 아치형의 아름다운 곡선을 그리고 있다.

임진왜란 이후 불에 타서 무너진 선암사를 중건할 때 이 다리를 놓은 것으로, 다음과 같은 전설이 전해진다. 조선 숙종 24년(1698) 호암대사가 관음보살의 모습을 보기 바라며 백일기도를 하였지만 그 기도가 헛되자 낙심하여 벼랑에서 몸을 던지려 하는데, 이때 한 여인이 나타나 대사를 구하고 사라졌다. 대사는 자기를 구해 주고 사라진 여인이 관음보살임을 깨닫고 원통전을 세워 관음보살을 모시는 한편, 절 입구에 아름다운 무지개다리를 세웠다고 한다.

조선시대에 만들어진 이 교량(橋梁)은 화강암으로 만든 아름다운 아치형 석교(石橋)로서 홍예(虹霓)는 하단부에서부터 곡선을 그려 전체의 모양이 완전한 반원형(半圓形)을 이루고 있다.

승선교는 선암사에서 관리하고 있으며, 1963년 9월 2일 보물 제400호로 지정되었다.

당초 승선교를 구성하던 147개의 홍예석(아치석) 중 노후부식 등으로 강도가 저하되어 재사용이 불가능한 석재 30개가 승선교 옆에 전시되어 있다.

승선교 위의 표지석

강선루

보물 제400호 선암사 승선교

:: 종정원 돌담길의 매화-선암매

매실나무는 오래전부터 우리나라 각 지
에 심어 오던 관상용 및 약용자원식물이
며 이른 봄 피어나는 단아한 꽃과 깊은
꽃향기로 시·글·그림 등에 빠짐없이
등장하는 식물이다. 선암사의 무우전과
팔상전 주변 20여 그루의 매화는 아름다
운 수형과 양호한 수세를 보이고 있다.

선암사 경내 종정원 왼편 돌담을 따라 '선암매'가 줄지어 자라고 있다.

담장을 따라서 피어난 20여 그루 매화나무는 매년 3월이면 장관을 이룬다. 매화 밑동에는 이끼가 붙어 있고, 일부 나무껍질이 일어서서 한눈에도 나무가 견뎌 온 오랜 세월을 짐작할 수 있다.

선암매는 색이 깨끗한데다 단아하고 기품이 있으며, 향기도 은은하다. 이곳

의 매화는 향이 깊고 빛깔이 아름다워 매화 중에서도 '명품'에 속한다.

3월 중순이면 백매와 홍매가 조화롭게 활짝 피면서 사찰 지붕이 온통 꽃으로 덮이고, 경내에는 꽃향기가 가득하다.

절의 창건 당시 심었을 것으로 추정되는 토종 매화나무가 군락을 이루고 무우전(無憂殿) 돌담가에 드리워져 있다.

선암매의 향기는 남달리 강하여 사찰 경내를 가득 채우고 산모퉁이 바깥까지 퍼지고도 남는다.

● 전라남도 순천시 승주읍 죽학리 산802 ● 관리자: 순천시

순천시 송광면 조계산 서쪽에는 우리나라 사찰의 삼보 사찰(三寶寺刹) 가운데 승

12) 우리나라의 3대 사찰은 흔히 통도사, 해인사, 송광사를 꼽는다.

보사찰(僧寶寺刹)로 유명한 송광사가 있다. 이 절은 신라시대 말기에 혜린선사가 창건하고, 고려시대 명종 때 보조국사가 크게 중창하였으며, 그 후 이 절에서는 16국사(國師)가 나왔다고 한다.[12]

정유재란, 여순반란사건과 한국전쟁 등으로 사찰의 중심부가 불에 탔으나 승려 취봉과 금당의 노력으로 지금의 모습을 갖추게 되었다.

송광사 천왕문에 들어서서 종고루(鐘鼓樓) 밑을 지나 돌계단을 오르면 정면에 대웅보전(大雄寶殿) 건물이 보인다.

대웅보전 마당 끝부분에 오래된 매화나무가 한 그루 자라고 있는데 이 나무를 '송광매(松廣梅)'라고 부른다. 송광매는 수령 300년, 나무 높이 8m의 백매화이다.

:: 나무 유래

송광매는 고려시대 때 우리나라에 처음 들어온 야생 매화나무로 알려져 있다.

송광매

:: 송광사 연혁

송광사는 신라시대 말기 혜린선사(慧璘禪師)가 창건하였다고 전한다. 창건 당시의 이름은 송광산 길상사(吉祥寺)였으며 100여 칸쯤 되는 절로 30~40명의 스님들이 살 수 있는 그리 크지 않은 규모의 절이었다고 한다. 그 뒤 고려시대 인종 때 석조대사(釋照大師)가 절을 크게 확장하려는 계획을 세우고 준비하던 중 타계하여 뜻을 이루지 못하였다. 석조대사 이후 50여 년 동안 버려지고 폐허화된 길상사가 중창되고 한국불교의 중심으로 각광받게 된 것은 불일 보조국사 지눌 스님의 정혜결사가 이곳으로 옮겨지면서부터이다.

그 후 지눌 스님은 9년 동안(1197~1205)의 중창불사로 사찰의 면모를 일신하고 정혜결사운동에 동참하는 수많은 대중을 지도하여 한국불교의 새로운 전통을 확립하였다.

거조사로부터 길상사로 정혜결사를 옮겨 와 수선사로 이름을 바꾸었다. 가까운 곳에 정혜사라는 절이 있어 혼동을 피하기 위해서였다. 그리고 산의 이름도 '송광산'에서 '조계산'으로 바꾸었다. 뒤에 절 이름도 수선사에서 송광사로 불리게 되어 '조계산 송광사'가 되었다.

송광매 밑동

:: 비사리 구시

1742년 남원 송동면 세전골에 있던 큰 싸리나무가 태풍을 맞아 쓰러졌는데, 이 나무를 가공하여 밥통을 만들었다. 이것을 비사리 구시라고 하는데, 송광사로 옮겨져 스님들과 이곳에 오는 불자들을 위한 밥을 담아 두는 용도로 사용되었다. 많게는 쌀 7가마분(약 4천 명분)의 밥을 담을 수 있다고 한다.

비사리 구시

⊙ 전라남도 순천시 송광면 신평리 12

승보전 기와 건물과 피어난 송광매가 아름다운 조화를 이루고 있다.

순천 금둔사(金屯寺) 경내에 홍매화와 청매화 여섯 그루가 자라고 있다. 수령은 몇십 년밖에 되지 않으나 거제도의 구조라 초등학교(분교)에 있는 백매에 이어 가장 빨리 피는 매화의 하나이다. 이들 매화나무는 '납월매(臘月梅)'라고 불린다. '납월'은 음력 섣달을 가리키는 말이므로 금둔사 매화나무는 '설중매', 즉 눈 속의 매화가 된다. 납월매 여섯 그루에는 각기 일련번호를 매긴 명찰이 붙어 있다. 다녀 본 곳 중 매화나무에 명찰을 붙여 놓은 곳은 이곳이 유일하다. 명찰보다는 나무 앞에 낮은 단을 쌓거나 낮은 나무 울타리를 치고 안내판을 세워 주는 것도 좋을 듯하다.

금둔사(金芚寺)에는 폭풍과 찬바람 속에서도 건강하게 맑고 밝은 색을 띠며 만개하는 홍매화가 있다. 남도에서 가장 일찍 피는 매화나무의 하나이다.

대웅전

이곳의 홍매화는 별칭이 '납월매'인데, 납월(臘月)은 음력 섣달을 말하는데 그만큼 추운 겨울 기운을 이겨내고 일찍 피어나는 매화라는 뜻이다.

일주문

납월매는 본래 낙안읍성에서 자라던 매화나무가 고령으로 인하여 고사하게 되자 그 자목 혹은 가지를 옮겨 심은 것이라고 한다.

남부지방이라서 매화나무에 눈이 내려앉는 일은 그리 많지 않을 것이니, 아마도 일찍 핀다 하여 납월매라는 이름이 붙은 것 같다.

매화나무는 대웅전 앞, 대웅전 옆 계곡과 삼신각 뒤편, 요사채 앞에서 자리를 잡고 따스한 햇살을 받으며 자라고 있다. 이곳의 홍매는 백매보다 훨씬 더 일찍 꽃망울을 터뜨린다.

:: 금둔사

금둔사는 순천시 낙안면 상송리 금전산(金錢山) 기슭에 자리한 백제시대의 고찰이다. 부근에 있는 선암사의 말사인 금둔사는 낙안읍성으로 가는 고갯길(857번 지방도로)의 읍성방면 내려가는 언덕에 자리하고 있다.

금둔사가 소재한 산의 이름은 금전산이고, 그 고갯길의 이름은 '조정래길'이다. '태백산맥'의 작가 조정래는 선암사에서 출생하였으며, 근년 보성 벌교에 그의 업적을 기리기 위한 '태백산맥 문학관'이 건립되었다.

금전산(해발 679m) 서쪽에 위치한 금둔사는 신동국여지승람(新東國輿地勝覽) 낙안조(樂安條)의 기록과 보물 제946호인 금둔사지석불비상과 제945호인 금둔사지 삼층석탑으로 보아 금둔사의 창건연대를 통일신라 때로 추정해 오던 중 순천대학교 박물관이 최근 금둔사 지층 120~150㎝에서 창건 당시 건물 터 흔적을 발견하였다. 박물관 팀은 발굴을 통해 지금까지 유구층에서 4동의 건물 터를 확인하였고, 초석·기단·연화문 숫막새·주름문늬병 등의 유물을 발굴하였다. 또 박물관 측은 발굴유물을 토대로 금둔사는 9세기경 창건된 사찰임을 밝혀냈다.

:: 금둔사 매화나무 시

납월매(臘月梅)

찬 서리 고운 자태 사방을 비춰

뜰 가 앞선 봄을 섣달에 차지했네

바쁜 가지 엷게 꾸며 반절이나 숙였는데

개인 눈발 처음 녹아 눈물아래 새로워라

그림자 추워서 금샘에 빠진 해 가리우고

찬 향기 가벼워 먼지 낀 흰 창문 닫는구나

내 고향 개울가 둘러선 나무는

서쪽으로 먼 길 떠난 이사람 기다릴까

신라인 최광유 지음, 금둔납자 역

납월매(홍매) 명찰

이후 1979년 7월 10일 도굴되어 흩어져 있던 삼층석탑을 되찾아 복원하고 1984년부터 지허 선사가 대웅전과 일주문 선원, 약사전, 요사채, 홍교 등을 복원 중창하여 현재에 이르고 있다.

:: 금둔사 삼층석탑

전체 높이 4m, 이중 기단을 갖춘 3층의 탑인 삼층석탑은 1988년 4월 1일 보물 제945호로 지정되었다.

:: 금둔사 석불비상

통일신라시대에 만들어진 석불비상은 1988년 4월 1일 보물 제946호로 지정되었다.

삼층석탑과 석불비상   마애불   대웅전 매화그림

● 전라남도 순천시 낙안면 상송리 산 2-1

대웅전 매화그림

장성 백양사 고불매(古佛梅)는 수령 350년, 나무 높이 5.3m이며, 2007년 10월 8일 천연기념물 제486호로 지정되었다.

이 매화나무는 매년 3월 말경에 연분홍빛 꽃을 피우는 홍매(紅梅)이며, 꽃 색깔이 아름답고 향기가 은은하여 산사의 정취를 돋운다. 홍매의 꽃 색깔도 좋지만, 향이 짙어서 한 그루의 매화나무가 경내를 매화향기로 가득 채운다. 아래부터 셋으로 갈라진 줄기 뻗음은 고목의 품위를 그대로 갖고 있으며 모양도 깔끔하여 매화나무의 기품이 살아 있다.

1700년경부터 스님들은 이곳에서 북쪽으로 100m쯤 떨어진 옛 백양사 앞뜰에다 여러 그루의 매화나무를 심고 가꾸어 왔다. 1863년 사찰을 현재의 위치로 옮겨 지을 때, 그때까지 살아남은 홍매와 백매 한 그루씩도 같이 옮겨 심었다. 그러나 백매는 죽어 버리고 지금의 홍매 한 그루만 살아남았다.

:: 고불매 명칭 유래

1947년 부처님의 원래의 가르침을 기리자는 뜻으로 백양사(白羊寺) 고불총림(古佛叢林)을 결성하면서 이 매화나무를 '고불매'라는 새로운 이름으로 부르게 되었다.[13]

13) 고불이란 불교에서 '인간의 본래 면목, 그 자리'를, '고불총림'이란 옛 큰스님들이 모인 도량이라는 뜻으로 사용되고 있다.

대웅전에서 바라본 고불매   일주문

연분홍의 매화는 대웅전 정면을
바라볼 때 오른쪽에 있는 우화루
(雨花樓) 옆에서 자라고 있다. 가
지마다 꽃이 유난히 많이 붙어 탐
스럽다. '꽃이 비처럼 내린다.'는
뜻을 가진 우화루 곁의 이 매화는
유독 향기가 짙어 한 그루만으로
도 온 절집을 매화향기로 가득 채
우기에 부족함이 없다.

대웅전(왼쪽), 우화루(오른쪽)

:: 백양사

노령산맥 백암산 자락에는 대한불교 조계종 18교구 본사인 백양사와 운문암, 청류암, 천진암 등 10여 개의 암자가 자리 잡고 있다. 백양사 홈페이지 자료에 의하면, 백양사는 백제 무왕 때 백암사로 개칭하였고, 고려시대 덕종 때 중연선사가 중창한 후 정토사로 불렸다. 그런데 조선시대 선조 임금 때 환양선사가 영천암에서 금강경을 설법하는데 수많은 사람들이 몰려들었다고 한다. 법회 3일째 되던 날 하얀 양이 내려와 스님의 설법을 들었고, 7일간 계속되는 법회가 끝난 날 밤 스님의 꿈에 하얀 양이 나타나 "나는 천상에서 죄를 짓고 양으로 변했는데 이제 스님의 설법을 듣고 다시 환생하여 천국으로 가게 되었다."며 절을 하였다고 한다. 그 다음 날 영천암 아래에 하얀 양이 죽어 있었는데, 이를 본 사찰에서는 그 후 절의 이름을 '백양사(白羊寺)'라고 부르게 되었다고 전한다.

● 전남 장성군 북하면 약수리 26번지　● 관리자: 장성군

화엄사 경내의 작은 암자인 길상암(吉祥菴) 앞 작은 연못 주변에 자연스럽게 자라난 수령 450년, 나무높이 9m의 매화나무가 2007년 10월 8일 천연기념물 제485호로 지정되었다.

대웅전

일주문

각황전 앞 석탑

화엄매라고 불리는 이 매화나무는 꽃과 열매가 다른 재래종 매화보다 작지만 꽃향기는 그보다 더 강한 것이 특징이라고 하는데, 나무가 너무 높게 자라서 그런지 매향(梅香)을 느껴 볼 엄두가 나지 않는다. 나무 옆의 작은 연못은 옛날에 우물 용도로 사용했었던 것으로 보인다.

원래 네그루가 있었다고 하는데 세그루는 고사하였고 지금은 한 그루만 남아 있다. 화엄매 앞에 있는 작은 연못가에는 오래된 매화나무가 두 그루 더 있다.

화엄사 길상암

화엄매(사진중앙)

매화나무

화엄사 사찰 안내도에 이곳에 있는 천연기념물 매화나무는 들어 있지 않았다. 사찰 내에서 이 나무를 찾느라 여러 사람을 붙잡고 물어보았으나 한결같은 대답은 전국에서 각황전 옆의 홍매화를 구경하러, 혹은 촬영하러 많은 사람들이 온다는 것뿐 이 천연기념물 매화나무를 아는 사람은 거의 없었다.

천연기념물 매화나무가 있는 장소를 공개하면 많은 사람들이 매화를 보러 올 것이고 그렇게 하면 매화나무가 훼손될지도 모른다는 우려가 있을지도 모른다. 그러나 그 반대로 생각할 수도 있다. 많은 사람들이 보러 와야 매화나무에 대한 관리를 철저히 할 것이라는 생각이다. 많은 사람들이 화엄사 매화 하면 각황전 옆의 홍매로만 생각하는 지금 천연기념물 매화나무는 기력을 잃고 있다. 천연기념물 매화나무의 존재를 적극적으로 알리는 것이 그 매화나무를 살리는 길이다.

화엄매(천연기념물)

화엄매 천연기념물 제485호

도심의 가로수 나무에도 수액주사를 놓아 나무의 건강을 유지시켜주는 요즘 천연기념물 나무에 대한 보다 철저한 관리가 요망된다.

:: 화엄사 홍매화

화엄사 경내에는 매화나무가 한 그루 더 있는데 그것은 각황전 옆에 있는 홍매화이다.

화엄사 홍매화

화엄사 길상암

화엄사 홍매화

각황전(覺皇殿) 옆 장륙전이 있던 자리에 조선시대 숙종 때 각황전을 중건하고 이를 기념하기 위하여 계파선사(桂波禪師)가 홍매화를 심었다. 그래서 이 나무를 장륙화(丈六花)라고도 하며, 다른 홍매화보다 꽃 색깔이 검붉어서 흑매화(黑梅花)라고 부르기도 한다.

이 매화는 다른 곳에서는 보기 어려운 진홍색 매화여서 오래전부터 사람들이 '홍매화'라고 불러 왔다. 이 홍매화는 해마다 봄이 되면 가지가지 잔뜩 진홍색 매화를 피어 올려 각황전을 돋보이게 한다. 여느 매화처럼 다섯 매 꽃잎의 정갈한 모습이되 꽃잎은 살아 움직이는 붉은 색이다. 다른 곳에서 쉽게 만나보기 힘든 색감과 느낌을 주는 나무이다.

진분홍 매화나무

각황전 앞 홍매화 ◉ 전남 구례군 마산면 황전리 산 20-1번지

구례는 예로부터 매화나무와 산수유나무가 많았던 고장이다. 매년 3월이면 구례에서는 흰색, 분홍색, 그리고 노란색으로 치장한 수많은 매화나무와 산수유나무를 만나게 된다.

연곡사 일주문

대한불교 조계종 제19교구 본사인 화엄사(華嚴寺)의 말사(末寺)인 연곡사(燕谷寺)는 544년(신라 진흥왕 5년)에 연기조사(緣起祖師)가 창건하였다. 임진왜란 때 사찰이 불에 타 나중에 중건하였다. 1950년 한국전쟁 때 다시 불에 타 소실된 것을 다시 지었으며 1981년에는 구 법당을 헐고 정면 5칸, 측면 3칸의 새 법당을 건립하였다.

연곡사 경내에는 매화나무가 여러 그루 있는데 그 중 오래된 나무는 고사하였고, 그 대를 잇는 젊은 나무들이 힘차게 하늘을 향하여 가지를 뻗고 있다.

삼층석탑(보물 제151호)   동부도비(보물 제153호)

경내에는 국보 제53호인 연곡사 동부도(東浮屠), 국보 제54호인 연곡사 북부도를 비롯하여 보물 제151호인 연곡사 삼층석탑, 보물 제152호인 연곡사 현각선사탑비(玄覺禪師塔碑), 보물 제153호인 연곡사 동부도비, 보물 제154호인 연곡사 서부도 등의 귀중한 문화재가 있다.

● 전라남도 구례군 토지면 내동리 산 54-1

17 구례 운조루
운조매

'운조루(雲鳥樓)'란 '구름 위를 나는 새가 사는 빼어난 집'이라는 뜻이다. 거북이의 형상을 한 돌이 출토된 금귀몰니의 명당자리에 1776년에 세워진 집이다.

운조루 정원에 매화나무 한 그루가 자라고 있는데 이 나무를 '운조매(雲鳥梅)'라고 부른다. 운조루를 방문한 것은 2010년 3월 21일이었는데 마침 대문 앞에 나와 있던 주인 류홍수 씨로부터 정원과 뒤뜰에 있는 나무들에 관한 이야기를 들었다. 류홍수 씨에 의하면 이 매화나무는 건축 당시에 다른 곳에 있던 매화나무를 옮겨다 심은 것이라고 한다. 당시의 매화나무는 고사했고, 지금의 매화나무는 원줄기 뿌리 부근의 가지 하나가 살아난 것이라고 한다.

백매인 운조매의 원줄기가 살아 있다면 수령은 약 250년이 될 것이다.

운조매는 운조루 대문을 들어서면 오른쪽에 붙어 있는 오미동가도(五美洞家圖)에도 묘사되어 있다. 오미동가도를 보면 사랑채 왼쪽에 나무 한 그루가 보이는데 이 나무가 운조매이다.

류이주가 운조루를 지은 12년 후에 작성한 장자구처기(長子區處記)에 따르면

운조루 안채

운조루 사랑채

이 집은 78칸이었다. 오미동가도에서
볼 수 있는 건물뿐만 아니라 당시에
는 주변의 부속 채 집까지 아울러 아
흔 아홉 칸 집이라 불렸다. 현재 남아
있는 칸수는 모두 73칸이다. 담장의
길이는 동서로 165자, 남북으로 156
자이며 집의 면적은 2,343㎡이다.

오미동가도

오미동가도 속의 매화나무 운조매 −사랑채 왼쪽의 나무가 운조매이다.

운조매

운조매

운조루 정원에는 운조매 외에도 여러 그루의 나무들이 자라고 있다. 250년 수령의 회양목이 세 그루 자라고 있고, 살구나무, 동백나무, 위성류나무 등이 있다. 특히 위성류나무는 류이주가 중국에 사신으로 다녀오면서 가져다 심은 나무로서 꽃은 4월 말에서 5월 초순에 걸쳐 핀다고 한다.

타인능해 뒤주

:: 타인능해(他人能解)

운조루는 1776년(영조 25년)에 낙안군수인 류이주 선생이 지은 가옥이다. 운조루는 일제강점기와 한국전쟁 등 어려운 시기를 겪으면서도 가옥 원형을 지키며 230년이 넘는 기간 동안 보존되어 왔다.

이곳에는 쌀이 세 가마나 들어가는 뒤주가 있는데 200여 년 된 원통형의 뒤주 아랫부분에 '누구나 열 수 있다.'는 뜻의 '타인능해(他人能解)'라는 글귀가 붙어 있다.

운조루의 주인은 마을의 배고픈 사람들이 언제든지 와서 뒤주를 열어 필요한 만큼 쌀을 가져갈 수 있도록 하였다. '나눔의 정신'을 실천한 공간이 이곳이다.

운조매(왼쪽)와 운조루 사랑채

운조루와 연못 ● 전라남도 구례군 토지면 오미리 103번지 ● 관리자: 류홍수

<table>
<tr>
<td>**18** 담양 소쇄원 매화나무</td>
<td>소쇄원(瀟灑園)은 정암 조광조(趙光祖)가 기묘사화로 인해 능주로 유배되어 세상을 떠나게 되자 양산보(梁山甫, 1503~1577)</td>
</tr>
</table>

가 출세의 뜻을 버리고 자연 속에서 숨어 살기 위해 꾸민 조선시대의 대표적인 민간정원이다.[14] 조경 시기는 1520년대 중반 또는 1530년대 중반이다.[15] 짙은 그늘을 드리우는 대나무 숲과 계곡을 돌아 흘러내리는 냇물의 경쾌한 소리는 이곳을 찾는 이의 마음을 깨끗하게 씻어내 준다.

14) 기묘사화란 1519년(중종 14) 남곤(南袞)·홍경주(洪景舟) 등의 훈구파(勳舊派)에 의해 조광조(趙光祖) 등의 신진 사류(新進士類)들이 숙청된 사건이다.

15) http://www.soswaewon.co.kr (검색일: 2010년 6월 8일)

'소쇄'란 '맑고 깨끗하다'는 뜻이다. 오곡문(五曲門) 담장 밑으로 흐르는 맑은 계곡물이 험한 바위를 타고 굽이쳐 흐르면서 연못 위 폭포로 떨어지는 '비 온 뒤에 해가 뜨며 부는 청량한 바람'이라는 뜻의 광풍각(光風閣)과 '비 개인 하늘의 상쾌한 달'이라는 뜻을 갖는 제월당(霽月堂)의 아담한 정자가 계곡가에 서 있다. 제월당은 주인이 거처하며 조용히 독서를 즐기던 공간이며, 광풍각은 찾아오는 손님을 위한 사랑방 역할을 하던 곳이다.

매화나무, 대나무, 동백나무, 오동나무, 배롱나무, 산사나무, 측백나무, 치자나

제월당

제월당 옆 '매대'의 매화

제월당 앞 뜰의 매화

소쇄처사양공지려(양공梁公이 거처하는 집이라는 뜻의 문패)

제월당과 매대의 매화(오른쪽)

무, 살구나무, 산수유 등 여러 종류의 나무들이 소쇄원의 조경 수목으로 심어졌다. 소쇄원은 실로 가사문학의 산실이 될 만한 환경을 갖추고 있었다.

김인후(金麟厚, 1510~1560)가 지은 '소쇄원 48영'에는 매화와 관련된 시가 2수 포함되어 있다. 12영의 '매대요월(梅臺邀月)'과 28영의 '석부고매(石趺孤梅)'가 그것인데, 이 중 '매대요월'을 옮기면 다음과 같다.

梅臺邀月(매대요월)　　　　　매대에서의 달맞이

林斷臺仍豁　　　　　　나무숲 쳐내니 매대는 확 트여서
偏宜月上時　　　　　　달 떠오는 때에 더욱 알맞아
最憐雲散盡　　　　　　구름도 다 걷혀감이 가장 사랑스러운데
寒夜暎氷姿　　　　　　차가운 밤이라 아름다운 매화 곱게 비추네

제월당에 걸린 〈소쇄원 사십 팔영〉 현판

'매대요월'에서 보듯이 소쇄원의 시설물 중에는 매대(梅臺), 즉 매화를 심은 곳이 있다. 좀 더 구체적으로 보자면 매대는 오곡문과 제월당 사이에 축조된 4단의 계단 중에서 위에 있는 2단의 꽃 계단인데 양산보는 이곳에 매화나무를 심어 매화꽃과 향기를 감상하곤 하였다.

사진에서 보듯 양산보는 매화나무를 매대에 줄지어 심고 제월당과 고암정사, 조담 옆의 축대 등에는 흩어지게 심었다.

명승 제40호로 지정된 지금의 소쇄원은 양산보의 5대손 양택지에 의해 보수되었다.

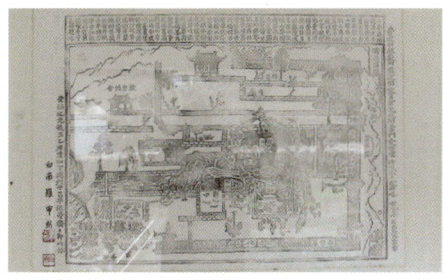

소쇄원 목판(1755년 제작, 탁본도) 그림 중앙 상단에 제월당(기와집)이 있고 그 오른쪽에 매대가 보인다.

소쇄원 안내도

제월당 뒤의 매화

광풍각 앞을 가로지르는 작은 계곡과 시냇물. 우측 상단의 건물은 '봉황을 기다린다.'는 뜻의 대황대(待凰臺)이다.

담양 식영정(息影亭) 정자 입구에는 홍매와 백매가 각각 한 그루씩 자라고 있다. 매화꽃이 만개할 때가 아니면 이들 매화나무는 존재 자체를 인식하기 어려울 정도로 다른 나무에 가려 있다. 식영정 마루에 걸터앉아 왼쪽을 보면 홍매가 보이고 오른 쪽을 보면 백매가 보인다.

다른 곳의 매화나무가 그러하듯이 선비들이 기거하던 곳에 매화나무가 식재된 것을 감안하면 이곳에 매화나무가 있는 것은 어떻게 보면 당연한 일이다. 다만 두 그루 모두 수령이 50년이 안되어 보이기 때문에 예전의 나무는 고사하고 그 자목이 자라났거나, 고사한 자리에 새로 묘목을 심은 것으로 보인다.

식영정

성산별곡 시비

식영정 간판

:: 식영정

식영정은 1972년 1월 29일 시도기념물 제1-1호(담양군)로 지정되었으며, 식영정 일원은 명승 제57호로 지정되어있다.

식영정은 본래 서하당 김성원이 그의 장인 임억령을 위해 지은 정자로, 조선 중기 학자이자 정치가인 정철이 성산에 와 있을 때 머물렀던 곳 중의 하나이다. '서하당유고'의 기록에 따르면 명종 15년(1560)에 지었다고 한다.

정철(1536~1593)은 명종 16년(1561)에 27세의 나이로 과거에 급제하였다. 그 뒤로 많은 벼슬을 지내다가 정권다툼으로 벼슬을 그만두고 고향에 내려와 이곳 식영정을 무대로 하여 많은 선비들과 친분을 나누었으며, 시문을 익히고 '성산별곡' 등의 문학작품을 지었다.

푸른 시내 흰 물결이 정자 앞에 둘렀으니

직녀의 좋은 비단 그 누가 베어내어

잇는 듯 펼치는 듯 요란도 하는구나.

송강 정철, '성산별곡' 중에서

김성원은 1560년에 식영정 바로 곁에 본인의 호를 따서 서하당이란 또 다른 정각을 지었다. 그동안 세월이 흐르면서 정각이 훼손된 것을 근년에 복원하였다. 김성원은 송강 정철의 처가 쪽 친척이며, 송강보다 11년이나 연상이었으나 송강이 성산에 와 있을 때 같이 환벽당에서 공부하던 동문이다.

식영정 홍매

● 전라남도 담양군 남면 지곡리 산75

가사문학의 본 고장인 담양군 남면에 지실마을이 있다. 가사문학관과 식영정(息影亭) 등이 있는 이 마을은 조선시대 많은 선비들이 거주하던 곳이다. 또 별뫼(성산) 주변의 절경을 찬미한 식영정 18경과 성산별곡을 낳은 곳이기도 하다.

호남고속도로 창평나들목으로 나와 고서면까지 간 뒤 고서사거리에서 가사문학관 이정표를 따라 가면 만나는 마을이 지실마을이다.

가사문학관 뒤편에 있는 지실마을 계당 터에는 계당매(溪堂梅)라고 불리는 매화나무 세 그루가 자라고 있다. 이곳에는 송강 정철의 넷째 아들이 시냇물이 집의 입구를 가로 지르는 곳에 집을 지었다하여 계당(溪堂)이라고 부르는 한옥이 있다. 입구에서 먼저 보이는 매화는 백매이고, 그 뒤로 홍매가 있으며, 다시 그 뒤로 옥매가 자라고 있다. 세 그루가 시냇가에 나란히 자라고 있는데 이들 매화를 계당매라고 부른다.

계당

계당매 홍매

계당매 백매

계당매 옥매

계당 네 그루의 나무(왼쪽부터 옥매, 배롱나무, 홍매, 백매)

계당 마당에서 만난 송강 정철의 넷째 아들의 후손 정문영 씨는 계당매 세 그루를 설명해 주었는데 이곳에 옥매가 있다는 말은 이때 처음 들었다. 옥매는 아직 꽃봉오리가 작아서 정문영 씨로부터 그 매화나무가 옥매라는 설명을 듣지 않았더라면 아마도 백매라고 생각하였을 것이다.

◉ 전라남도 담양군 남면 지실리 지실길 61-7번지

광양시 다압면 도사리 매실마을에 '청매실 농원'이
있다. 율산 김오천(1988년 작고) 씨는 일제 강점기
인 1931년 일본에서 귀국하

면서 밤나무와 매실나무 묘목을 가지고 들어와 향리인
이곳 다압면 도사리에 식재하였다. 섬진강을 내려다보는
경치 좋고, 매실 재배에 적합한 기후, 지형적 조건을 갖춘
이곳의 매화는 율산의 노력으로 마을 전체에 널리 보급
되었으며, 지금은 전국 제일의 매실마을이 되었다. [16]

16) 섬진강은 전라북도 진
안군과 장수군의 경계
인 팔공산에서 발원하
여 압록 근처에서 보
성강과 합류하여 지리
산 남부의 협곡을 지
나 전라남도와 경상남
도의 도계(道界)를 이
루며 200㎞ 넘게 흘러
와 광양만으로 내려가
는 강줄기이다.

일본에서 고된 광부생활을 하면서 모은 돈으로 매화나
무 · 밤나무 등의 개량종 묘목을 구입하여 귀국한 율산은 그 후 지역의 농가 소
득 증대에 기여한 공로로 1965년 정부로부터 산업훈장을 받았다. 1972년에는 지
역 주민들이 '김오천공적비'를 세우고 '율산(栗山)'이라는 아호를 헌정하였다.

율산이 심은 개량종 매화나무는 이 마을의 매실농업을 일으켜 지역경제에 이바
지한 모체가 되었다. 매화꽃보다는 매실 수확에 중점을 두고 심은 나무이다. 율
산이 최초에 심었던 나무 중 잘 자라고 있는 몇 그루의 매화나무를 '율산매'라

고 칭하고자 한다. 청매실농원에서는 자
체적으로 이들 나무를 '보호수'로 지정하
여 관리하고 있다.

율산의 며느리인 홍쌍리 여사는 시부의
뜻을 이어받아 매실나무농장을 잘 가꾸었
으며, 매실을 이용한 각종 식료품 개발에
도 앞장선 공로로 국가로부터 '식품 명인'
훈장을 받은 식품장인이다.

광양 매화 축제 (도사리 청매실 농원)

농원의 매화들

농원에 들어가다 보면 밤나무를 깎은 장승들이 서 있고, 율산이 심었다는 90년
된 매화나무들이 서 있는 것을 볼 수 있는데, 이 나무들이 '율산매'이다.

장독대

매실이 담긴 장독대와 섬진강

:: 매실장독

청매실농원에는 장독이 2,000개나 있다. 각종 매실 절임식품, 매실 고추장 등을 생산하기 위한 매실장독이다.

광양 율산매 ● 전남 광양시 다압면 도사리 414

대흥사 경내 숙정당 앞에는 수령 200년, 나무 높이 4.5m의 매화나무가 자라고 있다. 우리나라에 차 문화를 보급한 초의선사가 심은 매화나무인데 이 나무가 '초의매(草衣梅)'이다.

대웅보전   일주문   해탈문

:: 초의선사

초의선사는 조선시대 후기 시·서·화에 능통한 뛰어난 선승이며, 조선의 다도를 중흥시키는 데 크게 이바지한 스님이다.

초의선사(草衣禪師, 1786~1866)는 대흥사 13대 종사를 지냈다.[17] 선사가 우리나라 다도(茶道)에 끼친 영향이 크기 때문에 선사의 이름 앞에는 다성(茶聖)이라는 수식어가 붙는다.

> 17) 초의선사는 전남 무안군 상향면 왕산리 943번지에서 출생하였다.

그는 어린시절에 강가에서 놀다가 물에 빠졌는데 지나가던 스님이 구해 준 일이 인연이 되어 16세의 나이에 출가하였다. 선사는 '모든 법이 서로 다르지 않으며, 평상심이 도'라는 자세를 견지하였다. 또한 차와 선이 둘이 아닌 다선일미(茶禪一味)의 경지로 차를 대하였다.

선사는 수행자였으나 불교에 머무르지 않고 유교, 도교 등 당대의 여러 지식을 두루 접하였다. 정약용·김정희·신위 같은 당대의 학자들과 폭넓은 교류를 가졌다. 선사는 일지암에 머물면서 차의 효능과, 차를 만들고 마시는 법 등을 담은 우리나라 최초의 차에 관한 책 '동다송' 등을 저술하였다.

대흥사 동국선원 담장의 매화문양

:: 대흥사

대흥사(옛 명칭 대둔사)는 서산대사(西山大師)가 1592년(선조 25년)에 임진 왜란을 맞아 선조의 특명을 받아 제자인 유정(惟政)·처영(處英)과 함께 승병을 모집하여 팔도도총섭(八道都摠攝)이 되어 전쟁에 공을 세우고 입적한 뒤, 그의 의발을 모신 곳이다.

그 후 180여 년이 지난 1788년(정조 12년)에는 대흥사의 천묵(天默)·계홍(戒洪) 스님이 서산대사와 유정·처영을 모시고 사우건립을 모색하여 이듬해에 사우건립의 허가와 함께 '표충'이라는 사액을 받게 되었다.

이는 당시 호조판서 서유린이 서산대사의 사적과 사우 건립의 당위성을 임금에게 주청함으로서 이루어졌다. 조정에서는 사액과 함께 예조정랑 정기환을 예관으로 파견하였다. 서산대사의 진영이 표충사에 봉안된 뒤 1749년 4월 8일 정조는 대사의 충절과 행적을 찬양하기 위하여 화상당명(畵像堂銘)을 손수 짓고 써서 표충사에 내려보냈다. 화상당명 등의 유물은 1990년 2월 24일 전라남도 지정문화재(유형문화재) 제166호로 지정되었다.

적묵당 뒤에서 본 초의매 ● 전라남도 해남군 삼산면 구림리 799

홍옥매는 분홍색의 겹꽃이 가지에 돋아나 만개하면 화려함의 극치를 이루는 매우 아름다운 수종이다. 다산 정약용 선생이 전라남도 강진 유배 시절 즐겨 감상하던 매화로 알려져 있다.

:: 홍옥매길

다산 정약용이 1801년 11월 강진에 와서 처음 묵었던 곳은 '사위재'이다. 다산은 1805년 겨울부터 1년간 보은산방(보은산 고성사)에서 모두 52편의 주옥같은 시를 남겼다. 그는 이학래의 집으로 거처를 옮겼으며, 이학래를 여섯 제자 중 막내로 삼았다.

다산은 1808년 봄부터 마지막으로 유배가 해제된 1818년까지 이학래의 집에서 도암면 귤동마을 초당(다산초당)으로 거처를 옮겨 '목민심서'를 비롯한 600여 권의 저술을 완결하였다.

홍옥매길

강진읍은 2008년 3월 다산의 위대한 업적을 후손에 전하기 위하여 다산이 가장 아낀 나무인 홍옥매를 다산초당 가는 길목의 남포 논길에 심고 이 길을 '다산 홍옥매길'이라고 명명하였다.

다산초당 가는 논길에 심어져 있는 홍옥매

봄을 맞아 꽃봉오리가 맺히기 시작한 홍옥매

賦得堂前紅梅(부득당전홍매)	부득당 앞의 홍매
窈窕竹裏館(요조죽리관)	깊숙하고 고요한 대나무 숲속의 집
窓前一樹梅(창전일수매)	창 앞에 자라는 한그루 매화
亭亭耐霜雪(정정내상설)	꼿꼿이 눈서리를 견디어 내니
淡談出塵埃(담담출진애)	말쑥이 세속 티끌 벗어났구나.
歲去如無意(세거여무의)	해가 가도 필뜻 없나 싶더니,
春來好自開(춘래호자개)	봄이 오니 스스로 꽃을 피우네.
暗香眞絕俗(암향진절속)	그윽한 향기 진정 속기 없으니,
非獨愛紅顋(비독애홍시)	붉은 뺨만 사랑함이 또한 아니네.

정약용(丁若鏞)

:: 다산초당

다산 정약용이 18년의 강진 유배생활 중 10여 년간의 안식처가 된 곳이 다산 초당이다. 다산은 이곳에서 '목민심서' 등 여러 저서를 집필하였다. 귤동마을에서 산속 오솔길을 걷다 보면 92개의 돌계단을 오르게 되는데 오르는 길에 뒤틀려 있는 나무가 보이고, 나무뿌리가 마치 계단처럼 이어져 있는 것을 볼 수 있다. 계단 끝부분이 다산초당이다.

다상초당은 본래 초가집이었으나 1958년 강진 다산유족보존회에서 허물어진 초가를 대신하는 정면 3칸, 측면 1칸의 기와집을 지었다.

초당에는 다산사경(茶山四景)이 있는데 정석, 다조, 약천 그리고 연지석가산이 그것이다. 정석(丁石)은 초당 건물 뒤쪽 바위에 유배 해제를 앞두고 다산이 자신의 발자취를 남기는 뜻에서 직접 '丁石'이라는 글자를 새긴 것이다. '다조'는 초당 마당에 놓여 있는 평평한 돌인데, '차를 끓이는 부뚜막'이라는 뜻이다. 다산은 주위에서 자생하는 찻잎을 따다가 그늘에 말린 후, 다조에 솔방울을 지펴 차를 끓였다.

약천(藥泉)은 초당 건물 뒤에 있는 샘으로서 다산이 직접 수맥을 잡아 만들었으며, 가뭄에도 마르지 않고 맑은 약수가 솟아난다. 연지 석가산(蓮池石假山)은 초당 오른쪽 옆에 있는 작은 연못으로 1808년 봄 다산 선생이 이곳으로 이주하여 바닷가의 돌을 가져다가 만든 연못이다. 그 가운데에 조그만 봉을 쌓아 '석가산'이라 하였고, 나무 홈통을 이용하여 산속의 물이 이 연못으로 떨어지게 만들어 '비류폭포'라고 이름을 붙였다.

다산 정약용

다산초당 가는 길목에서 만난 나무와 나무 뿌리

다산초당 부속건물-다산동암

옆에서 본 다산초당

다조

정석

다산초당마을 생태체험관 옆 백매

:: 의증종혜포옹매조도

의증종혜포옹매조도(擬贈種蕙圃翁梅鳥圖)는 다산이 1813년 8월 19일에 쓰고 그린 작품인데, 다산은 그 그림에 7언 절구 한 수를 넣었다.[18]

18) 정민 한양대학교 교수는 이 그림과 글이 강진에서 유배 시절 다산이 소실에게서 얻은 딸에게 보내는 애틋한 심정을 담은 것이라고 보았다. 그해 7월 14일 다산은 큰딸의 혼인을 맞아 아내 홍씨가 보내온 치마를 잘라 시집가는 딸에게 '매조도'를 그려 주었다. 그리고 한 달 후인 8월에 소실에게서 딸을 얻게 되자 감회를 못 이겨 이 그림을 그린 것으로 풀이되고 있다. 중앙일보, 2009년 6월 8일자.

의증종혜포옹매조도

고매의 묵은 가지가 죽은 줄로만 알았는데

봄을 맞아 푸른 가지를 쭉 뻗더니만

내친 김에 기대하지도 않은 꽃을 마저 피웠다.

그 꽃을 보고 날아든 채령작 한 마리가

쓸쓸히 하늘가에 떨어지며 머물고 있다.

다산초당 ● 전라남도 강진군 도암면 만덕리 귤동 다산초당
(사진 왼쪽 파란색 바가지가 있는 곳이 '약천' 샘물이고, 오른쪽 마당에 있는 큰 돌이 차를 끓이던 '다조'이다.)

소록도 중앙공원에 있는 수양매는 수령이 정확하지 않다. 무엇보다도 고사상태에 있는데다가 소록대교가 개통된 2008년 이후에 세상에 널리 알려지기 시작하였기 때문이다. 소록도(小鹿島)는 섬의 모양이 어린 사슴과 같다고 하여 붙여진 이름이다.

필자가 수양매를 찾은 것은 2010년 2월 28일이다. 중앙공원의 정원 관리인들에게 수양매의 수령, 유래 등을 물었으나 아는 이는 없었다. 한 관리인은 태풍으로 인하여 수양매가 죽게 되었다고만 전해주었다.

호남 5매의 하나로 이름을 날리던 수양매가 이렇게 고사상태에 있는 것을 보니 안타까운 마음이 앞섰다. 경상남도 산청의 원정매처럼 고사 판정을 받은 후 몇 년 후에 그 뿌리에서 새싹이 움트고, 나무 밑에서 자목이 자라나는 사례도 있는 만큼 수양매도 꼭 회생하여 주었으면 하는 마음이다.

매화나무 주위에 여러 그루의 향나무들이 정연하게 식재되어 자라고 있는 것을 볼 때 수양매는 일제강점기인 1916년경에 이곳에 한센인을 수용하는 '자혜병원'이 설립되면서 심어진 것으로 추정된다. 따라서 수령은 약 100년 정도가 될 것이고, 나무 높이는 줄기와 가지들이 절단되어 있기는 하지만 약 7m 정도이다.

이 나무는 늘어지는 매화나무 종류이기에 수양매 혹은 능수매로 불리는 백매(白梅)이다.

∷ 소록도 자혜병원 원장의 횡포

소록도의 '중앙공원'에는 한센인과 관련된 일화가 있다. 조선총독부는 1916년 소록도에 '자혜병원'을 설립하고 한센인들을 이곳에 수용하기 시작하였다.

수호 마사히데(周防正秀)는 1933년 9월 1일부터 1942년 6월 20일까지 9년

수양매

소록도 중앙병원

9개월 동안 제4대 원장으로 재직한 일본인이다. 그는 온갖 강압적인 수단과
방법으로 한센인들을 동원하여 소록도 내의 각종 공사를 추진하였다. 그가
한센인들에게 온갖 가혹행위를 일삼아 조성한 것 중의 하나가 중앙공원이

다. 그는 한센인들에게 인근 완도와 거제도 등에서 집채만 한 바위를 옮겨 오도록 했으며, 때로는 환자들의 재산을 빼앗기도 하였다.

수호 원장은 한센인들로부터 기금을 강제로 징수하여 1940년 8월 20일 자신의 동상을 건립하였다. 동상의 규모는 동상 자체의 높이는 3.3m, 단을 포함한 동상 전체의 높이는 9.6m였다. 수호 원장은 동상이 건립된 날을 기념하여 '보은감사일'로 지정하고 한센인들로 하여금 매월 20일에 자신의 동상 앞에서 참배하고 경의를 표하도록 강요하였다.

수호 원장은 한센인들에게 강제 노동과 가혹행위를 일삼아 오던 중 1942년 6월 20일 '보은행사일' 행사 때 환자 이춘상에 의하여 살해되었다. 이날도 수호 원장은 한센인들을 자신의 동상 앞에 집합시켜 놓고 갖가지 공갈 협박으로 공포 분위기를 조성하면서 각종 개발사업의 실적부진을 질타하고 있었다. 이때 그 자리에 참석한 한센인 이춘상은 손가락이 문드러져 없어진 무딘 팔목에 미리 준비한 칼을 헝겊으로 동여맨 후, 훈시를 하고 있던 수호를 향해 단상으로 뛰어 올라가 그를 찔렀다. 수호는 그 자리에서 사망하였고, 체포된 이춘상은 당시 법원에서 사형을 선고받고 형장의 이슬로 사라졌다.

그 후 태평양전쟁이 치열해지면서 수호 원장의 동상은 전쟁물자로 징발되면서 철거되었다.

:: 애한의 추모비

1945년 8월 15일 해방을 맞이하였고 그 일주일 후인 8월 22일, 자치를 요구하던 원생 협상대표 84명이 이를 거부하는 자들에 의하여 처참하게 학살당하였다.

참사 56년만인 2001년 12월 8일에 화장, 매몰된 현장에서 원생 및 언론기관,

관계자들이 지켜보는 가운데 유골 발굴 작업이 실시되어 다수의 유골을 수습하였다.

'애한(哀恨)의 추모비'가 서 있는 자리는 학살의 현장이다. 이곳에 2002년 8월 22일에 그들의 희생이 헛되지 않았음을 알리고, 이들 한센병 환자들에 대한 이해와 온전한 인권회복을 기원하는 뜻을 담아 추모비를 건립하였다.

– 애한의 추모비 내용 –

57년 동안 땅속에 묻혀지고 소록도 사람들의 뇌리에서 사라져가는 이 비극적인 학살 현장에서 84명의 거룩한 이름을 밝히며 역사의 흐름 앞에 싸웠노라 죽었노라 그러나 이겼노라…… 하는 이 기념비를 세워 전날의 과오를 반성케하고 앞날에는 하나님이 주신 인간의 존엄성과 평등성을 최우선 과제로 삼기를 다짐하는 증표의 기념비가 될 것을 믿어 의심치 않으며 이제 이후로는 인간적인 차별이나 정치관리적인 불이익이나 종교적 분쟁과 갈등으로 인한 인권침해는 이 땅 위에서 영원히 사라지기를 소망하는 마음으로 84명의 추모기념비를 우리들의 힘과 정성을 모아 여기에 이 추모비를 건립하게 되었노라.

소록도 원생 84인 희생자 명단
서기 1945. 08. 21~08. 22 사건
박동식 외 83인

애한의 추모비    수양매 윗부분

:: 검시실

검시실 건물은 1935년에 건립되었으며, 2004년 2월 6일 문화재청 등록문화재 제66호로 지정되었다.

검시실(檢屍室) 또는 해부실로 불리는 이 건물은 두 칸으로 나뉘어져 있다. 앞부분의 방은 주로 사망환자의 검시를 위한 해부실로 사용되었고, 뒤쪽의 방은 남성의 정관(精管) 절제(切除)를 행하던 곳이다.

모든 사망환자는 본인이나 가족의 뜻과는 무관하게 이곳에서 사망원인을 규명하기 위한 해부절차를 마친 뒤 간단한 장례식을 거쳐 섬 내의 화장장에서 화장(火葬) 후 납골당에 유골로 안치되었다.

정관 절제는 한센병 환자의 근절을 위하여 1927년 일본의 한센병 연구자에 의하여 제기되었다. 이곳 소록도 병원 당국에서는 개원 이래 남녀 환자 별거제를 실시하여 오던 것을 1936년부터 정관절제를 하는 사람에 한하여 부부 동거를 허용하였다.

정관 절제는 감금실에 수용되었다가 출감하는 환자에 대해서도 그 벌칙의 하나로 행하여졌다.

검시실

:: 감금실

감금실 건물은 1935년에 건립되었으며, 2004년 2월 6일 문화재청 등록문화재 제67호로 지정되었다.

감금실은 1935년에 제정된 조선나예방령(朝鮮癩豫防令) 제6조 및 동법 시행령 제8조의 규정에 따라 설치된 일제 강점기 인권탄압의 상징물이다.

붉은 벽돌로 지은 건물과 역시 붉은 벽돌의 담장으로 둘러싸여 있으며, 남쪽과 북쪽의 두 건물이 회랑으로 연결된 '에이치(H)'자 형태이며, 방에는 철창이 설치되어 있고, 각 방의 한쪽 마루바닥을 들어 올리면 변기가 나오는 형무소와 비슷한 구조로 되어 있다.

조선나예방령에 의하여 한센환자는 직업의 자유, 거주이전의 자유, 이동권을 박탈당하였으며, 이곳에 수용된 환자들은 원장의 자의적인 판단에 따라 변론의 기회조차 없이 이곳에서 감금, 감식, 체벌 등의 징벌을 감수해야 하였다. 또 강제노역이나 온갖 가학적인 행위에도 굴종할 수밖에 없었다.

감금실은 부당한 요양소 운영에 대한 저항을 미연에 방지하기 위한 장소로도 활용되었다. 일제 강점기 말기에는 부당한 처우나 박해에 항거하던 환자들이 이곳에서 사망하거나 불구가 되는 일이 많았으며, 출감 시에는 예외 없이 정관절제를 당하였다.

감금실

:: 중앙공원의 조경

공원은 1936년 12월 1일 착공 하였으며, 3년 4개월 동안의 공사기간을 거쳐 1940년 4월 1일 완공되었다. 당시 산림을 깎아 만든 공원의 면적은 약 1만 9,800㎡에 달하였다고 한다. 소록도에 수용된 한센병 환자 연인원 6만여 명을 강제 동원하여 조성하였으며, 득량만과 완도 및 소록도 주변 섬에서 암석을 채석하여 옮겨오고, 일본과 대만 등지에서 관상수를 반입하여 식재하였다.

해방 후 공원의 명칭이 '소록도 중앙공원'으로 변경되었고, 1971년과 1972년 공원 확장이 이루어져 현재 면적은 약 2만 5,000㎡에 이른다. 공원 내 정원에는 소나무의 한 종류인 솔송을 비롯하여 황금편백 · 향나무 · 후박나무 · 삼나무 · 팽나무 · 종려나무 · 팔손이나무 등 관상수 100여 종이 자라고 있다.

:: 구라탑

중앙공원에는 미카엘 대천사가 한센균을 박멸하는 모습을 형상화하고, '한센
병은 낫는다'라는 문구를 적어 놓은 구라탑(求癩塔)이 1963년에 건립되었다.

구라탑   한하운 시비(사진 앞부분의 반석)

:: 한하운 시비

한하운(韓何雲, 1920~1975)은 한센병을 앓았던 시인이다. 그가 지은 시 '보리
피리'가 새겨진 시비(詩碑)가 이곳 중앙공원 내에 자리하고 있다.

보리피리

보리피리 불며 봄 언덕
고향 그리워
피-ㄹ 닐니리

보리피리 불며 꽃 청산(靑山)
어린 때 그리워
피-ㄹ 닐니리

보리피리 불며 인환의 거리
인간사(人間事) 그리워
피-ㄹ 닐니리

보리피리 불며 방랑의 기산하(幾山河)
눈물의 언덕을 지나
피-ㄹ 닐니리

● 전라남도 고흥군 도양읍 소록리 1번지 소록도 중앙공원

6. 대구 · 경북

25 안동 도산서원 도산매

도산서원은 퇴계 이황(李滉, 1501~1570)의 혼이 깃든 곳인데 이곳에 도산매(陶山梅)가 있다. 지금도 도산서원의 뜰에는 매화가 고고한 자태를 뽐내고 있다. 퇴계의 매화에 대한 사랑은 실로 남다른 데가 있었다. 그는 홀로 있을 때면 매화분(梅花盆)을 마주하고 앉아서 매형(梅兄)이라 부르고, 밤새 잔을 주고받으며, 취기에 젖어 많은 시를 읊기도 했다.

퇴계는 지금의 중국 절강성 서호(西湖) 고산(孤山)에 초막을 짓고 매화를 처로, 학을 자식으로 삼고 살았으며, 매화를 두고 읊은 시 가운데 산원소매(山園小梅)에서 암향소영(暗香疎影)이라는 유명한 절구를 남긴 임포(林逋)의 삶을 본받고자 했다. 퇴계는 도산서당을 구축하고 몽천(蒙泉) 샘 위의 산기슭을 깎아 암루헌(巖樓軒)과 마주 보도록 단을 쌓은 다음 송(松), 국(菊), 죽(竹), 연(蓮)과 함께 백 그루의 매화를 심어 절우단(節友壇)을 만들고 정우당(淨友塘)을 지어 절개 있는 벗으로 삼았으며, 그 가운데 매화를 가장 사랑했다. 그는 매화꽃이 필 무렵에는 매화나무 단지를 맴돌기도 하였다.

步躡中庭月趁人(보섭중정월진인)	뜰을 거니노라니 달이 사람을 쫓아오네
梅邊行遶幾回巡(매변행요기회순)	매화꽃 언저리를 몇 번이나 돌았던고
夜深坐久渾忘起(야심좌구혼망기)	밤 깊도록 오래 앉아 일어나기를 잊었더니
香滿衣巾影滿身(향만의건영만신)	옷 가득 향기 스미고 달그림자 몸에 닿네

:: 도산서당/완락재

도산서당은 퇴계 선생이 4년에 걸쳐 지은 건물로서 이곳에 거처하면서 제자들을 가르치던 곳이다.

퇴계는 매화를 매형(梅兄)이라고 불렀으며, 겨울에는 매화분재를 방 안에 두고 보살폈다. 퇴계가 거처하던 방은 완락재(玩樂齋)라고 하고, 그 마루는 암서헌(巖栖軒)이라고 한다. 완락재 왼쪽 공간에는 이불, 빈 공간, 그리고 매화분재를 두는 공간이 있다.

퇴계가 사랑했던 매화는 그가 세상을 떠난 후에 고사한 것도 있고, 어떤 형태로든 살아남아 명맥을 이어가는 것도 있다. 그리고 퇴계의 제자들이 심어놓은 매화는 도산서원의 광명실(光明室, 서고) 앞 화단에 몇 그루 있으나 오래전에 고사한 것도 있고, 명맥을 유지하고 있는 것도 있다. 절우단에도 대여섯 그루의 매화가 자라고 있다.[19]

19) 도산서원 정문에서 도산서원을 올려다볼 때 도산서당 오른쪽에는 절우사, 왼쪽에는 백매원, 그리고 뒤쪽으로 광명실이 있다.

도산서당 방(완락재) –안쪽 공간 사진.
퇴계 선생은 겨울에는 매화분재를 사진의 문 바로 안쪽에 두었다.

도산서당 마루(암서헌)

도산서당

광명실에서 본 매화나무들

광명실 앞 매화

광명실에서 본 매화나무들

도산서당 옆 매화원(梅花園) 매화나무

정우당

절우사의 매화나무들

:: **퇴계 선생과 관기 두향**

퇴계는 일생토록 매화를 소재로 107수의 시를 지었으며, 임종할 때에는 단양의 관기(官妓) 두향으로부터 선물로 받은 매화나무에 물을 주라는 유언을 남겼다.

퇴계는 단양 군수 시절에 관기 두향(杜香)을 만났다. 퇴계가 군수로 부임한 것은 48세 때였고 당시 두향은 18세였다. 두향은 첫눈에 퇴계에게 반했지만 가까이 가기는 쉽지 않았다. 두향은 시(詩)와 글에 능했고, 특히 매화를 좋아하였다. 두향은 퇴계가 매화를 좋아하는 것을 알고 전국에 수소문하여 좋은 매화나무를 구하여 퇴계에게 선물하였다. 퇴계는 그 나무를 동헌 뜰 앞에 심고 즐겼다. 부인과 아들을 잇달아 잃은 퇴계는 두향의 마음을 받아들이지 않을 수 없었다.

퇴계가 경상북도 풍기 군수로 자리를 옮기게 되어 두 사람의 사랑은 9개월 만에 석별의 정으로 남게 되었다. 그 후 도산으로 올 때 그 매화나무도 함께 가져와서 서당에 심었다.

두 사람은 1570년 퇴계 선생이 69세의 나이로 별세할 때까지 만날 수 없었다. 퇴계 선생이 단양을 떠날 때 그의 짐 속에는 두향이 준 매화나무가 있었다. 이때부터 퇴계는 이 매화나무를 평생 가까이 두고 사랑을 쏟았다.

퇴계 선생을 보낸 뒤 두향은 관기에서 나와 퇴계 선생과 자주 갔던 남한강가에 움막을 치고 선생을 그리며 살았다. 퇴계 선생은 그 뒤 부제학, 공조판서, 예조판서 등을 역임하였고 말년에는 안동에서 은거하였다. 그가 세상을 떠날 때 남긴 말 한마디는 "매화에 물을 주거라."였다.

퇴계 선생의 부음을 들은 두향은 4일간을 걸어 안동을 찾았다. 그리고 다시 단양으로 돌아온 두향은 강물에 몸을 던져 생을 마감하였다. 그때 두향이가 퇴계 선생에게 주었던 매화나무는 그 대를 잇고 있으며, 지금 도산서원 입구와 경내 광명실 앞뜰에서 자라고 있다.

다음은 퇴계가 지은 도산월야영매 여섯 수 가운데 하나이다.

陶山月夜詠梅(도산월야영매)　　　　도산 달밤의 매화를 노래함

獨倚山窓夜色寒(독의산창야색한)　　홀로 산창에 기대니 밤기운 차가운데
梅梢月上正團團(매초월상정단단)　　매화나무 가지 끝에 둥근 달이 걸렸구나
不須更喚微風至(불수갱환미풍지)　　구태여 산들바람 청해서 무엇하리
自有淸香滿院間(자유청향만원간)　　맑은 향기 저절로 뜰 앞에 가득차네

:: 퇴계 이황

　퇴계 이황 선생은 1501년(연산군 1년) 현재의 안동시 도산면 온혜리에서 출생하여 1570년(선조 3년)에 별세하였다. 34세에 과거에 급제하여 단양군수, 풍기군수, 공조판서, 예조판서, 우찬성, 대제학을 지냈으며, 사후에 영의정으로 추증되었다.

　선생은 1561년(명종 16년)에 도산서당을 세웠고, 사후 4년 만인 1574년 (선조

7년)에 문인과 유림이 서원을 세웠으며 선조 임금은 한석봉 친필인 '도산서원(陶山書院)' 현판을 사액하였다.

∷ 도산서원

도산서원은 퇴계 이황의 학문과 덕행을 기리고 추모하기 위해 1574년에 지어진 서원으로 경상북도 안동시 도산면(陶山面) 토계리(土溪里)에 위치하고 있다.

서원 내에 퇴계가 거처하던 도산서당은 퇴계가 제자들을 가르치던 곳이고, 도산서원은 퇴계 선생 사후에 건립되어 추증된 사당과 서원이다.

도산서당은 1561년에 설립되었다. 퇴계 선생이 낙향 후 학문연구와 후진양성을 위해 지었으며 서원 내에서 가장 오래된 건물로 퇴계 선생이 직접 설계하였다고 전해진다.

1570년 퇴계 선생이 별세한 후 1572년에 선생의 위패를 상덕사(보물 제211호)에 모실 것을 결정하였다. 2년 뒤 지방 유림의 공의로 사당을 지어 위패를 봉안하였고, 전교당(보물 제210호)과 동·서재를 지어 서원으로 완성했다. 1575년(선조 8)에 한석봉이 쓴 '도산서원' 편액을 하사받음으로써 사액(賜額) 서원으로서 영남유학의 총본산이 되었다. 도산서원은 퇴계 선생 사후 6년 뒤인 1576년에 완공되었다.

도산서원은 교육시설을 중심으로 배향공간과 부속건물로 이루어져 있다. 전체 교육시설은 출입문인 진도문(進道門)과 중앙의 전교당(典敎堂)을 기준으로 좌·우 대칭으로 배열되어 있다. 동·서로 나누어진 광명실(光明室)은 책을 보관하는 서고로서 오늘날의 도서관에 해당한다. 동재와 서재는 유생들이 거처하면서 공부하는 건물이다.

배향공간인 사당 건축물로는 위패를 모셔 놓은 상덕사(尙德祠)와 각종 제사를 준비하는 공간인 전사청(典祀廳)이 있는데 삼문을 경계로 서원의 가장 높은 곳에 위치한다. 부속건물로는 서원을 운영하고 관리하는 상고직사(上庫直舍)가 있으며 이는 홍의재 뒤편에 위치하고 있다. 서원 입구 왼쪽에는 1970년에 설립된 유물전시관 '옥진각(玉振閣)'이 있는데, 퇴계 선생이 직접 사용했던 유품들이 전시되어 있다.

도산서원은 1969년 사적 제170호로 지정되었고, 1970년부터 대통령령으로 보수, 증축 사업을 진행하였으며 우리나라 유학사상의 정신적 고향으로 성역화되었다. 보수, 증축 사업 때 도산서당의 낮았던 담장이 높아졌다. 본래의 담장이 낮았던 것은 퇴계 선생이 방에 앉아서도 낙동강 물 흐르는 것을 내려다볼 수 있도록 배려한 것이라고 한다.

매화등(梅花凳) 매화꽃잎 모양이 새겨진 청자기로 만든 걸상. 퇴계 선생이 사용하던 유품. (높이 47.4㎝, 윗부분 지름 30㎝, 아랫부분 지름 28.5㎝)

1977년 도산서원관리사무소가 설치되고 관리운영조례를 제정 공포한 이후 오늘에 이르고 있다.

:: 매화등과 매화연

퇴계 선생의 매화사랑은 각별하여 매화를 방안에 들여놓기도 하고, 거처 주위에 여러 그루의 매화나무를 심기도 하였다. 글을 읽거나 쓸때에도 매화문양이 새겨져 있는 매화등(매화걸상)에 앉아 매화문양이 양각되어 있는 매화연(매화벼루)을 즐겨 사용하였다.

매화연(梅花硯) 퇴계 선생의 제자 김북애(金北厓)가 증정한 자색의 돌로 만든 매화가 양각(陽刻)된 벼루. (높이 2.2㎝, 가로 16㎝, 세로 29.5㎝)

:: 시사단

시사단(試士壇)은 1792년
(정조 16년)에 정조 임금
이 평소에 흠모하던 퇴계
선생의 학덕을 기리고 지

매화시

방 선비들의 사기를 높여 주기 위하여 어명으로 특별 과거인 '도산별과(陶山
別科)'를 보던 장소이다. 총 응시자는 7,228명이었고, 임금이 직접 11명을 뽑
아 시상하였다.

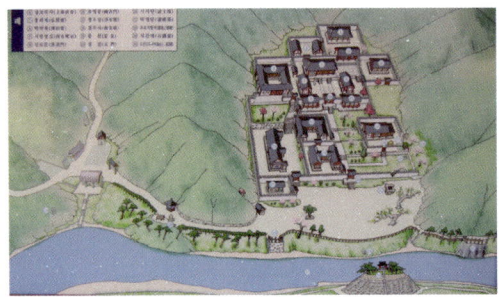
도산서원과 시사단 안내도

특별과거시험을 치른 시사단. 도산서원 마당에서 내려다본 풍경

도산서원 앞 광장의 매화나무. 이제 막 꽃을 피우려 하고 있다.

● 경상북도 안동시 도산면 토계리

안동 하회마을에 류성룡(柳成龍) 선생이 거처하던 '충효당' 건물이 있다. 충효당 측면 뒤쪽으로 선생의 유지를 기리는 영모각(詠慕閣)이 있고, 영모각에서 내당(內堂) 중간 지점에 류성룡의 호 '서애'를 딴 '서애매(西厓梅)'가 자라고 있다. 서애매는 수령 150년, 높이 7m의 백매이며, 지상 낮은 부분에서부터 줄기가 여러 개로 갈라져 자라났다. 나무 밑동을 보니 많이 쇠약해져 있는 것을 볼 수 있다.

품격 있는 집안 분위기를 아는 듯 의젓하게 자라난 서애매는 봄이 되면 이곳을 찾는 방문객들에게 은은한 암향(暗香)을 바람에 실어 선사한다.

충효당

:: 충효당

하회마을에는 600여 년 동안 대를 이어 살아온 풍산(豊山) 류(柳)씨의 고택들과 그들의 종가댁(宗家宅)인 양진당(養眞堂, 보물 제306호)과 임진왜란 때 치란재상(治亂宰相)을 지냈던 서애(西厓) 류성룡 선생이 거처했던 충효당(忠孝堂, 보물 제414호)이 있다.

충효당은 본래는 삼간초가(三間草家)였으나 류성룡의 사후에 그의 후손과

서애매

문하생들이 선생의 덕을 기리는 뜻에서 1600년대에 지은 가옥이다. 졸재 류원지(1598~1674)가 처음 건립하였고, 그 후 그의 증손 익찬 류의하가 52칸으로 확장한 목조건물이다. 지금은 영남의 대표적인 전통가옥으로 잘 보전되고 있다.

서애는 스물한 살 때 퇴계 이황으로부터 근사록(近思錄)을 배웠다. 이때 서애를 처음 본 퇴계는 이 아이는 하늘이 낳은 인재이니 뒷날에 반드시 큰 학자가 될 것이라고 하였다. 그는 28세 때 명나라에 가서, 양명왕과 진백사(陳白沙)

충효당 앞 매화

의 학문이 선학(禪學)의 폐단이 있다고 지적하면서 퇴계의 성학십도(聖學十圖)를 역설하여 퇴계학의 우수성을 과시하기도 하였다.

시(詩)

광야(曠野) / 이육사

까마득한 날에

하늘이 처음 열리고

어데 닭 우는 소리 들렸으랴

모든 산맥(山脈)들이

바다를 연모(戀慕)해 휘달릴 때도

차마 이곳을 범(犯)하던 못하였으리라

끊임 없는 광음(光陰)을

부지런한 계절(季節)이 피여선 지고

큰 강(江)물이 비로소 길을 열었다

지금 눈 나리고

매화향기(梅花香氣) 홀로 아득하니

내 여기 가난한 노래의 씨를 뿌려라

다시 천고(千古)의 뒤에

백마(白馬)타고 오는 초인(超人)이 있어

이 광야(曠野)에서 목놓아 부르게 하리라

:: 나무 유래

서애매는 본래 대구의 문씨 문중에서 1950년을 전후한 시기에 서애 선생의
13대손이 하회마을로 옮겨 온 것이라고 전한다.

● 경상북도 안동시 풍천면 하회리 749-1

매화나무

:: 원지정사

안동 하회마을은 풍산 류씨의 마을로 아름다운 자연경관과 민속 · 유교 전통을 잘 유지하고 있는 조선시대 양반마을이다.

하회마을의 원지정사(遠志精舍)는 1573년(선조 6년) 서애 류성룡이 옥당 홍문관 재직 중 부친상을 당하자 고향에 내려와 지내면서 세운 건물이다. 1781년에 다시 연좌루를 지었으며, 1979년에는 전체를 보수하고 사주문을 신축하였다. 누정인 연좌루는 정면 2칸, 측면 2칸의 건물로 기둥을 마루 아래 가운데에 세워 마루를 넓게 사용할 수 있도록 한 것이 특징이며, 지붕은 옆면에서 볼 때 여덟 팔(八) 자 모양과 비슷한 팔작지붕이다.

원지정사

마루 사방을 개방하여 난간을 둘렀으며 강가의 소나무 숲과 강 건너편 부용대, 옥연정사(중요민속자료 제88호) 일대를 바라다보는 전망 좋은 위치에 있다. 1979년 1월 23일 중요민속자료 제85호로 지정되었다.

시(詩)

조지훈(趙芝薰) 시인은 매화꽃 진 달밤에 떠나간 님을 그리워하며 '매화송(梅花頌)'을 지었다.

매화송

매화꽃 다 진 밤에 호젓이 달이 밝다.

구부러진 가지 하나 영창에 비치나니

아리따운 사람을 멀리 보내고

빈 방에 내 홀로 눈을 감아라.

비단옷 감기듯이 사늘한 바람결에

떠도는 맑은 향기 암암한 옛 양자라

아리따운 사람이 다시 오는 듯

보내고 그리는 정도 싫지 않다 하여라.

원지정사 정문에서 바라본 부용정(절벽)
◉ 경상북도 안동시 풍천면 하회리

성주 회연서원 매화나무

조선시대 중기의 문신 한강 정구(寒岡 鄭逑, 1543~1620) 선생은 성주 회연에 인재를 양성하기 위하여 초당을 짓고 백매 100그루를 식재하였다. 그리고 '백매헌(百梅軒)'이라는 편액을 걸어 놓았다. 회연서원에는 이때 심은 매화나무는 대부분 사라졌고, 문화유산해설사 최상백 씨에 의하면 현재 있는 매화나무 중 세 그루가 당시의 것으로 추정된다고 한다.

:: 나무 상태

정구 선생이 심은 100그루의 매화나무 중 지금은 다 없어지고 세 그루만 남아 명맥을 잇고 있다. 그나마 세 그루 중 한 그루는 고사상태에 있고, 한 그루는 원줄기는 거의 죽어 가고 있고, 일부 가지들이 새로 돋아나고 있다.

회연서원 견도루

회연서원

:: 한강 정구

정구 선생은 1543년(중종 38년), 성주군 대가면 칠봉동 유촌(柳村)에서 태어나 1620년 78세로 세상을 떠났다. 어릴 때부터 영채(英彩)가 뛰어났던 선생은 5세 때는 보는 사람마다 그 재주에 탄복하여 신동(神童)이라 했고 7세에 벌써 대학, 논어(大學, 論語)의 뜻을 이해하였다. 10세에 이미 학문에 뜻을 두어 독서에 열중하였고, 13세에 성주향교에 교수로 와 있던 덕계 오건(德溪 吳建)에게 주역(周易)을 배우면서 건곤(乾坤) 2괘(掛)를 읽고는 나머지를 모두 미루어 통달했다고 하며, 22세에 과거 보러 상경한 적이 있었으나 느낀 바 있어 시험장에 들어가지 않고 귀향하여 그 길로 과거를 포기하고 오직 학문에만 정진하였다.

정구 선생은 가야산과 그 아래를 흐르는 대가천과 떼려야 뗄 수 없는 인연을 맺었다. 젊은 시절부터 가야산 일대를 돌아다니며 호연지기를 키웠다. 그는 나중에 관직에 나아가기 전 보름 동안 가야산을 돌면서 치세의 지혜를 얻고자 하기도 했다. 그가 창녕현감으로 나가기 전에 쓴 '유가야산록(遊伽倻山錄)'이 바로 그것이다.

벼슬에서 물러난 후 정구 선생은 다시 가야산으로 되돌아왔다. 멀리 가야산 자락이 보이는 대가천 옆에 초당을 짓고 후학들을 가르쳤다. 회연초당은 그의 사후에 회연서원(檜淵書院)으로 바뀌었다.

임진왜란으로 많은 유생들이 피해를 입고, 지방의 교육기관이 붕괴된 직후에 정구 선생은 이곳에 초당을 짓고 제자를 키웠다. 초당 앞에 100그루의 매화나무를 심고 '백매원(百梅園)'이라 불렀다. 겨울에도 지조를 잃지 않는 매화처럼 고고한 선비의 향기를 널리 퍼뜨리겠다는 뜻이 담겨 있다. '길 을 본다'는 뜻의 누각인 '견도루(見道樓)' 앞에는 해마다 하얀 매화가 피고 있다. 그 당시의 심경을 정구 선생은 시 한 수에 담았다.

小小山前小小家(소소산전소소가)	자그마한 산 앞에 조그만 집을 지었네
滿園梅菊逐年加(만원매국수년가)	뜰에 심은 매화 국화 해마다 늘어나고
更教雲水粧如畵(갱교운수장여화)	구름과 시냇물이 그림처럼 둘렀으니
擧世生涯我最奢(거세생애아최사)	이 세상에 나의 삶이 사치하기 그지없네

정구 선생은 38세 때 창녕(昌寧) 현감으로 있다가 사헌부 지평(持平)으로 임명되자 벼슬을 버리고 시골인 성주(星州) 회연(會淵)에 돌아와 초당(草堂)을 지었다. 그는 벼슬에서 물러나 초야에 묻혀 살면서도 매화와 함께 사는 자신

줄기는 고사상태에 있으나 작은 가지 하나에서 매화꽃이 피었다.

고사상태에 있는 줄기 밑동에서 새 가지가 자라고 있다

은 세상에서 가장 사치스럽게 살아가고 있는 사람이라고 노래했다.

:: 회연서원

회연서원(檜淵書院)은 조선시대 중기의 문신이자 학자인 한강 정구의 학문과 덕행을 추모하고, 지역 주민의 유학교육을 위해 세운 서원이다. 1974년 12월 10일 시도유형문화재 제51호(성주군)로 지정되었으며, 청주정씨 문목공파 종중에서 관리하고 있다.

회연서원은 1581년 정구 선생이 후진 양성을 위하여 성주군 수륜면 양정봉비안(陽亭鳳飛岩) 기슭에 회연초당(檜淵草堂)을 지어 존현양사(尊賢養士)의 실현을 위하여 강론하던 곳이다. 선생의 별세 2년 후에 전국의 사림이 모여 이곳 초당지에서 서원 창건론을 발의하였다.

영남 5현(김굉필 · 정여창 · 이언적 · 이황 · 정구) 가운데 한 사람인 정구가 1583년(선조 16년)에 세워 제자들을 교육하던 회연초당(檜淵草堂)이 1627년

(인조 5년) 지방사림의 여론에 따라 서원이 되었으며, 1690년(숙종 16년) 12월에 사액서원(賜額書院)으로 칙령이 내렸다. 그러나 1871년(고종 8년) 3월에 국령(國令)에 의하여 서원이 훼철(毁撤)되었다. 1974년 6월에 국고 보조 및 후손들의 출자로 서원에 대한 보수공사가 이루어졌다. 1977년 사당, 동무·서무를 고쳐 세우고 담장을 쌓았다. 1981년에는 후손들이 서원의 복원(復院)을 발의하였고, 1984년 5월에 다시 위판을 봉안하고 복원하였다.[20]

20) 청주 정씨 문목공파 대종회, 「회연서원」, (대구: 대보사, 2006), 9쪽.

회연서원은 우리나라에 남아 있는 서원 중에서도 중심이 되는 서원의 하나로 선생의 문집판 '심경발휘'가 보관되어 있으며, 이곳의 현판은 한석봉이 쓴 것이다.

회연서원 견도루에는 액자가 하나 걸려 있는데 액자에는 다음과 같은 글이 적혀 있다.

● 경상북도 성주군 수륜면 신정리 258

회연서원(檜淵書院)에서

가야(伽倻)

수려한 산정(山精)

님이 품어 더 푸르러고

깊고 먼

성리학(性理學) 터진

쌓은 탑(塔)이

높습니다

이 초당(草堂)

태우신 심촉(心燭)

기리 밝힐

온 누리

1991년 봄 정재익 지음, 심재완 씀

성주 극와고택(極窩古宅)은 1998년 6월 3일 문화 재자료 제354호(성주군)로 지정되었다. 극와고택 은 기와집과 초가집으로 구성되어 있으며 마당 벽 쪽에 백매 한 그루가 자라고 있다.

극와고택의 매화나무

극와고택이 소재하고 있는 곳은 월항면 대산리(한개마을) 성산(星山) 이씨(李氏) 집성촌이다. 이 마을을 처음 개척한 사람은 조선시대 세종 임금 당시의 이우(李友)이다.

극와고택은 조선시대 말기 진주목사와 수군첨절제사를 역임한 이주희(李澍熙) 선생이 우리나라가 일본에 의하여 강제로 점거 당하자 소복을 입고 거실에 거적을 깔고 지내면서 왜정(倭政)에 항거한 곳이기도 하다. 애국지사(愛國志士) 이주희는 이곳에서 은둔생활을 하면서 일생을 마쳤다.

:: 한개마을

'한개'라는 이름은 크다는 뜻의 '한'과 개울이라는 뜻의 '개'가 합쳐진 말이다. 예전에는 마을 앞에 나루터가 있어서 '대포(大浦)'라고 부르기도 하였다. 이

마을 앞에는 이천과 백천이 합류하여 동남쪽으로 흘러 낙동강으로 들어가는 개천이 있다.

한개마을의 현존하는 건축물들은 대부분 18세기 후반에서 19세기 초반에 지어졌는데 이 중 10동은 경상북도 문화재로 지정되어 있다. 한개마을 자체는 중요민속자료 제255호로 지정되어 있다.

주요 건축물로는 극와고택, 교리댁 안채, 진사댁 안채, 하회댁, 월곡댁 사랑채, 북비고택 사랑채, 한주종택의 한조정사 등이 있다.

또 한개마을의 돌담길은 등록문화재로 지정될 만큼 문화재로서의 가치를 인정받고 있으며, 특히 가을에 골목길에 쌓이는 낙엽은 오래된 돌담과 더불어 계절의 운치를 더해준다.

하회댁 홍매

한주종택

한개마을의 매화

● 경상북도 성주군 월항면 대산리 387번지

1533년(조선시대 중종 28년)에 건립된 매학정은 초성(草聖)이라 칭하는 고산(孤山) 황기로(黃耆老)의 유적지(遺蹟址)이다. 이곳은 본래 황기로의 조부 상정공(橡亭公) 황필의 휴양지였는데, 황기로가 조부의 뜻을 받들어 정자를 짓고 매화나무를 심고 학(鶴)을 길렀다하여 '매학정'이라 부르게 되었다. 매학정은 훗날 황기로의 사위인 옥산(玉山) 이우(李瑀)의 소유가 되었다. 이우는 율곡 이이(李珥) 선생의 아우이다.

홍매와 매학정

황기로는 조선시대에 이름을 날린 명필가로서 호(號)는 고산(孤山) 혹은 매학(梅鶴)이라 하였다. 1534년(중종 29년) 진사(進士)에 합격한 그는 별좌(別坐) 벼슬을 지냈다.

매학정 현판

황기로의 42세 때의 모습은 사돈인 율곡 이이(1536~1584)가 목격한 바로는 빈 뜰에 매화송이가 피어오르고, 깊은 못에서는 학의 울음소리가 들리는 가운데 100여리 떨어진 곳에서 텃밭을 일구는 신선 같다고 하였다.[21]

21) http://blog.chosun.com/pts47/(검색일: 2010. 01. 21)

낙동강 강변 언덕에 자리하고 있는 매학정은 1592년 임진왜란 때 불에 타 폐허 가 되었다. 1654년(효종 5년)에 다시 지었으나 1862년(철종 13년)에 화재가 발 생하여 소실된 것을 다시 지어 현재에 이르고 있으며, 1970년에도 크게 보수 및 수리작업을 하였다.

매학정을 지을 당시 심었던 매화나무는 왜란의 와중에 불타버렸을 것으로 추정 되며, 지금은 앞뜰에 여러 그루의 어린 홍매와 백매가 자라고 있다. 이 매화나무 들이 잘 성장하게 된다면 매학정은 매화나무가 무성히 자라고 하늘에는 학이 날 아다니는 낙동강변의 아름다운 정자, 휴식의 공간이 될 것이다.

매학정

매학정 옆으로 흐르는 낙동강

◉ 경상북도 구미시 고아면 예강리 257-2번지

7. 부산·경남

31 부산 충렬사
만월매

충렬사 정문에 들어서면 왼쪽에 기념관이 있고 기념관을 지나 본전(本殿) 방향으로 나아가면 좌우에 달덩이처럼 둥근 연한 분홍색 매화가 방문객을 반긴다. 처음에 보았을 때에는 세상에 이런 매화나무가 다 있나 했으나 자세히 보니 둥근 만월(滿月) 모양으로 다듬어진 매화나무이다. 매화나무에 전지전정을 한 것은 보았어도 이렇게 나무 전체를 다듬은 것은 이곳에서만 볼 수 있는 풍경이다.

임진왜란 당시 부산지방에서 나라를 지키기 위하여 일본군과 싸우다가 순국한 호국 영령을 모신 사당 앞에 선 매화나무라서 그런지 정이 가는 나무이다. 매화는 절개, 지조, 충성을 상징하는 나무인데, 순국선열을 모신 이곳에 서 있는 것이 자연스럽게 느껴진다.

동래부사 송상현은 일본군에게 포위되어 있는 상황에서 죽음을 각오하고 나라를 위해 싸우겠다는 결연한 의지와 군주에 대한 충성심을 글로 써서 남겼다. 당시 많은 관료들과 병사들이 부산 앞바다에 당도한 일본군 함대의 위세에 겁을 먹고 도망을 간 상태에서 도와줄 원군이 없음을 한탄하고, 또 군주에 대한 충절을 지킬 것을 다짐하고 있다.

충렬사

告別詩(고별시)	고별의 시
孤城月暈(고성월훈)	외로운 성은 달무리처럼 적에게 포위되었는데
列鎭高枕(열진고침)	이웃한 여러 진에는 도와 줄 기척도 없구나.
君臣義重(군신의중)	임금과 신하의 의리가 무거운 것이오매
父子恩輕(부자은경)	아비와 자식의 은정을 가벼이 하오리다.

:: 충렬사 본전

충렬사 본전에는 임진왜란 당시 부산지역에서 일본군과 전투를 벌이다가 전사한 선열 23명과 동래부(東萊府), 부산진(釜山鎭), 다대진(多大鎭) 및 부산포 해전에서 전사한 무명용사들의 위패 4위, 의병 62명의 위패를 모시고 있다.

사람의 손길이 가긴 했지만 특이한 모습으로 눈길을 사로잡는 만월매
◉ 부산시 동래구 안락동 반송로 393

산청 남사마을에는 여러 채의 고택이 있다. 그중에 최씨 고택(古宅)이 있는데 이 집의 안마당에 '최씨 매(崔氏梅)'라고 불리는 매화나무가 한 그루 자라고 있다. 최씨 고택은 마을 앞 큰길에서 돌담을 따라 들어가다 보면 좌측으로 구부 러진 곳에 커다란 감나무 한 그루가 서 있고 바로 앞쪽에 있는 대문에 들어서면, 문화재자료 제117호(산청군)라는 안내 간판이 있는데, 그 옆에 홍매 한 그루가 자라고 있다. 수령 100년, 나무 높이 7m의 이 백매는 지상 약 60㎝에서 줄기가 두 갈래로 갈라져 올라갔다.

이 집의 상량 시기는 1920년 7월이므로 약 80년 전에 건축된 것이지만, 이곳에 심어진 매화는 적어도 20년 이상 자란 나무를 옮겨 심은 것으로 추정되고 있다.

남아 있는 두 줄기 중 한쪽은 고사상태에 있고, 남은 한 줄기에 핀 매화꽃이 봄 을 맞고 있다.

산청 최씨 고택

남아 있는 한쪽 줄기는 고사상태에 있고 나머지 한쪽 줄기도 약해져 있다.
⊙ 경상남도 산청군 단성면 남사리 285

산청군 단성면 운리 탑동마을 단속사 터에는 '정당매(政堂梅)'라고 불리는 매화나무가 한 그루 자라고 있다. 백매화를 피우는 고매(古梅) '정당매'는 현존 한국 최고(最古)의 매화 중의 하나이다. 매년 3월이 되면 고결하고도 은은한 향기를 절터 가득 흩뿌리는 정당매는 수령 640년, 나무 높이 3.5m이며, 1982년 11월 10일 보호수로 지정되었다.

4개의 줄기 중 3개의 줄기는 고사하였고 남은 1개의 줄기에서 매화 꽃망울이 맺힌다.

:: 나무 유래

정당매의 유래에 관해서는 두 가지의 설이 있다. 하나는 강회백이 심은 매화는 그가 세상을 떠난 뒤 고사하였는데, 그 후손들이 정당

22) 이 설의 구체적인 내용은 손종섭, 「내 가슴에 매화 한 그루 심어놓고」 (서울: 학고재, 2001) 참조.

매 옆에 다른 매화나무를 심어 가꾼 것이 오늘날의 원정매가 되었다는 설이다.[22] 다른 하나는 강회백이 심은 매화나무 중의 한 그루가 잘 성장하여 오늘날의 매화나무가 되었다는 설이다. 정당매의 수령을 640년으로 보는 것은 두 번째 설에 입각한 것이다. 첫 번째 설을 택하더라도 수령에 큰 차이는 나지 않는다.

이 매화나무의 나이는 강회백이 소년 시절 단속사에서 글을 읽을 때에 심었다고 기록되어 있으므로 그 시기를 통정공의 나이 12세 때로 보아 1372년에 식재되었다고 한다면 2010년 현재의 수령은 640년이 된다.

정당매는 통정공 강회백(通亭公 姜淮伯, 1357~1402) 선생과 통계공 강회중(通溪公 姜淮仲) 형제가 사월리(沙月里) 오룡(五龍)골에서 출생하여 유년 시절 지리산 자락 신라 고찰 단속사에서 수학할 때 심은 나무이다. 나무를 심은 시기는 1372년경으로 추정된다.

강회백은 훗날 그의 벼슬이 정당문학(政堂文學) 겸 대사헌에 이르렀기에, 후세 사람들과 사찰의 스님들이 이 매화나무를 '정당매'라고 부르기 시작하여 오늘에 이르고 있다.

:: 나무 상태

정당매의 나무줄기는 본래 3개였으나 이 중 두 줄기는 고사하여 윗부분을 잘라 냈고, 지금은 원뿌리 주위에서 돋아난 3개의 곁가지가 자라나 4줄기가 되

었다. 수세(樹勢)가 몹시 약해진 상태이며, 1999년에 고사한 줄기에 외과수술을 하였다고 하는데 지금도 나무는 매우 허약해 보인다.

:: 강회백

강회백은 고려시대 말기와 조선시대 초기의 문신으로 본관은 진주(晉州)이며 호는 통정(通亭)이다.

강회백은 고려시대 말기 문신(文臣)으로 1376년(우왕 2년)에 문과에 급제하였고, 공민왕 때에는 정몽주가 살해된 다음 진양에 유배되기도 하였다. 그러나 공양왕 때에는 정당문학 겸 대사헌의 자리에 올랐다.

강회백은 매화를 아끼고 사랑하며 그 절개를 닮고자 자신이 공부했던 단속사에 매화나무를 심었다. 하지만 그는 두 조정에서 고위관직을 역임하였다. 이를 두고 남명 조식 선생은 '어제도 꽃을 피우고 오늘도 꽃을 피웠구나.' 하고 비판을 하기도 하였다.

다음은 강회백이 46세로 일생을 마치기 전에 자신이 손수 심은 정당매를 찾아와 읊은 시이다.[23]

23) 이 시는 '통정집(通亭集)'에 기록되어 있다.

斷俗寺手種梅(단속사 수종매)　　　　　단속사에 심은 매화

偶然還訪石山來(우연환방석산래)　　　　우연히 옛 고향을 다시 찾아 돌아오니
滿院淸香一樹梅(만원청향일수매)　　　　한 그루 매화향기 사원에 가득하네
物性也能至舊主(물성야능지구주)　　　　무심한 나무지만 옛 주인을 알아보고
慇懃更向雪中開(은근갱향설중개)　　　　은근히 나를 향해 눈 속에서 반기네
一氣循環往復來(일기순환왕복래)　　　　계절이 바뀌어 겨울이 가니
天心可見臘前梅(천심가견납전매)　　　　천심을 매화에게서 볼 수 있네
自將鼎調羹實(자장정조갱실)　　　　　다만 솥을 가지고 매화열매 조리할 것인데
向山中落又開(향산중락우개)　　　　　부질없이 산 속을 향해 지었다 또 피네

그 후 통정의 증손자 강윤범(姜允範)이 문종 때 경상감사(慶尙監使)로 부임
했을 때 그의 증조부가 심어 놓은 정당매를 찾아와 시를 지었는데 내용은 다
음과 같다.

觀梅追慕那時栽(관매추모나시재)　　　　매화를 보고 심은 때를 헤아려 추모하도다
獨守春光任自開(독수춘광임자개)　　　　홀로 봄 빛을 받아 스스로 피어 났네,
風雨多年無恙否(풍우다년무양부)　　　　오랜 세월 비 바람 속에 평안이 있었구나
漢陽千里有人來(한양천리유인래)　　　　한양 천리 먼 길을 너를 보러 왔노라.

:: 단속사

지리산 자락의 산청군 단성면 운리에는 고즈넉한 절터가 남아 있다. 신라 경
덕왕 때 창건됐다가 정유재란 당시 불에 타 소실된 단속사(斷俗寺) 옛터이다.

단속사는 통일신라시대 제35대 왕 경덕왕 때인 736년 신충(信忠)이 창건한 대규모 사찰이다. 조선시대 정유재란 당시 일본군의 방화로 불에 타 버려 지금은 폐허만 남은 절터에 2개의 삼층석탑(보물 제72호, 제73호)과 당간지주만 쓸쓸하게 서 있다. 경덕왕의 진영(眞影)이 봉안되어 있었고, 솔거가 그린 유마상(維摩像)이 있어 당대 규모가 크고 널리 알려졌던 사찰이었다.

안정감 있고 단아한 석탑은 오랜 세월이 지난 지금에도 예나 다름없이 이곳을 찾는 길손을 반갑게 맞이한다.

사찰 터의 석탑과 매화

정당매 비각(2010년 3월 21일)

정당매(2009년 3월 14일)   정당매(2010년 3월 21일)

:: 정당매 비각 및 비석

　정당매 옆에는 정당매각(政堂梅閣)이 세워져 있다. 이 비각 안에는 두 개의
비석이 있다. 1915년에 건립된 비각 안의 시비에는 비각을 세운 이유를 적은
정당매각기(政堂梅閣記), 통정공 강회백의 시, 강회백 후손들이 지은 시 등
여러 편의 시가 적혀 있다.

聞香千里古山來(문향천리고산래)　　향기 찾아 천리길 옛 고향에 찾아오니

萬疊頭流一樹梅(만첩두류일수매)　　첩첩한 두류산에 한 그루 매화가 서 있네

如答雲乃追慕意(여답운내추모의)　　구름도 추모의 뜻을 표하듯 두둥실 흐르는데

滿天風雪爛然開(만천풍설난연개)　　하늘 가득한 눈바람 속에서도 아름답게 피었구나.

정당매 비각을 건립한 것은 통정공의 후손들이 매화나무를 잘 보전하고, 또한 매화나무를 감상하고 칭송하는 시문(詩文)을 적어 길이 보존하기 위한 것이다.

시문 중에서도 후손 강대곤(姜大崑)의 시는 정당매의 품격과 생명력을 칭송하고 있다.

:: 시비

사명대사 유정(惟政, 1544~1610)이 젊은 시절 잠시 단속사에 머물면서 인근 산천재(山天齋)에서 후학을 가르치던 말년의 대학자 남명(南冥) 조식(1501~1572) 선생을 만났다. 이때 남명은 손아래의 젊은 유정에게 시를 한 수 써 주었다. 나중에 사람들이 그 시를 비석에 새겨 넣었다.

贈山人惟政(증산인유정)　　　산사람 유정에게 주는 시

花落槽淵石(화락조연석)　　　꽃은 연못가 돌 위에 떨어지고

春深古寺臺(춘심고사대)　　　옛 절의 축대 위엔 봄이 깊었네

別時勤記取(별시근기취)　　　이별의 때를 기억해 두시도록

靑子政堂梅(청자정당매)　　　정당매 푸른 열매 맺었을 때를

석탑 주변에는 많은 매화나무들이 있었다. 주택가, 농지 등으로 편입되면서 사라진 나무들도 많을 것이다.
그래도 살아남아 석탑을 지키는 홍매가 아름답다.

● 경상남도 산청군 단성면 운리 탑동 340번지   ● 관리자 : 강낙중

34 산청 남사리
남호정사 백매

산청군 단성면 남사마을(예담촌)을 거닐다 보면 여러 고택을 볼 수 있고, 옛 돌담길도 볼 수 있다. 매화나무가 보이는 남호정사 건물이 있는 곳으로 들어가 보았다.

남사리 마을의 수문장 나무들

나무와 돌담의 조화

오래된 매화나무는 아니었으나 나무를 둘러보고 있는데 새가 한 마리 날아오더니 가지에 앉았다. 나무 주위에서 사진을 찍고 있는데도 새는 날아가지 않았는데, 아마도 집주인을 대신하여 길손을 맞이하려는 듯이 보였다.

매화나무 가지에 새 한마리(사진중앙)
새는 지금 매화꽃 구경에 몰입 중.

3월 중순, 화사한 봄날의 매화

35 산청 남사리 원정매

경상남도 산청(山淸)은 예로부터 매화가 많기로 이름난 곳이다. 그래서 매화 하면 산청을 으뜸으로 꼽았다. 원정매를 비롯하여, 남명매, 정당매 등 오래된 매화나무들은 대부분 관직에서 물러나 낙향한 선비들이 심은 것이다.

산청 단성면 남사마을(남사 예담촌) 하씨 고택에는 원정매(元正梅)라고 불리는 매화나무가 자라고 있다.

기와집이 즐비한 마을 안으로 들어서면 돌담길이 보이고, 돌담 너머로는 봄을 맞이하는 화사한 매화꽃이 사람들을 반긴다. 고매(古梅) 특유의 기품과 위엄이 엿보이는 진양 하씨 고택의 원정매는 수령 약 680년, 나무 높이 3.5m의 오래된 나무이다.

:: 산청 삼매

산청의 매화는 나무를 심은 세도가의 당호나 벼슬을 따 이름을 붙였다. 원정공이 심었다 하여 '원정매(元正梅)', 정당문학 벼슬에 오른 이가 심었다고 해서 '정당매(政堂梅)', 영남학파의 거두였던 남명 조식이 심었다 하여 '남명매(南冥梅)'이다. 이들 세 그루를 '산청 삼매(山淸 三梅)'라고 한다.

:: 나무 유래

진양 하씨 고택의 '원정매'는 고려시대 말기의 문신 원정공 하즙(元正公 河楫, 1303~1380)이 심은 나무이다. 정확히 몇 년에 심었는지는 모르지만 하즙이 30세에 심었다고 하면 이 매화나무의 수령은 676년, 40세에 심었다고 해도 666년이 되는 원정매는 우리나라에서 가장 오래된 매화나무이다.

원정매

원정매와 하씨 고택

:: 나무 상태

원정매는 근래까지도 고매(古梅) 특유의 기품과 위엄을 갖추고 가지마다 탐스러운 꽃봉오리를 가득 피어 올리곤 했었다. 그런데 몇 년 전부터 갑자기 노쇠해졌다. 원정매는 우리나라에서 수령이 가장 오래되었고 소중한 역사성을 간직하고 있는 나무이나 안타깝게도 노쇠하여 큰 줄기는 오래전에 고사한 상태에 있다. 살아 있던 일부 가지마저 2006년부터 새잎이 나지 않고 꽃도 피지 않는다 하여 2007년에는 천연기념물 지정이 해제되었다.

그런데 현지에 가서 나무를 살펴보았더니 원정매는 죽지 않았음이 확인되었다. 원정매 원줄기는 죽었지만 나무뿌리에서 새싹이 나와 1m가 넘는 줄기를 내고 있었다. 물론 원목이 고사한 시점에서는 뿌리에서 싹이 나오지 않은 상태였을 것이다. 지금은 원목 뿌리에서 줄기가 자라고 있으니 천연기념물로 재지정해야 할 것이라고 본다. 원정매 뿌리에서 돋아난 매화 줄기가 생장하고 있는 이상 '원정매'는 고사한 것이 아니라 생존하고 있는 것으로 봐야 한다. 지금 원정매는 새로 올라온 줄기에서 탐스러운 꽃을 피우고 있다.

관리 소홀 혹은 관리 미숙으로 인하여 많은 천연기념물 나무들이 고사하고 있는 상황에서 고사한 후 얼마 되지 않은 시점에서 지정 해제를 해 버린다면 아깝다는 생각이다. 오래된 나무들은 지상의 줄기와 가지가 고사했다고 해서 나무 전체가 죽은 것이 아닌 경우가 종종 목격된다. 때로는 지하의 뿌리 일부가 소생하여 새싹을 내는 경우가 있기에 천연기념물 지정 해제는 신중히 시간을 두고 지켜본 다음 시행하는 것이 바람직해 보인다.

나무관리행정이 탁상행정으로 끝난다면 앞으로도 안타까운 나무들을 계속해서 보게 될 것이다.

:: 남사마을/하씨 고택

단성면 남사마을은 500년의 역사가 있는 전통마을이다. 조선시대 때 조성된 이 마을에서는 골목길을 걷는 맛이 있어서 좋다.

원정매가 있는 남사마을은 단속사 초입의 20번 국도변에 자리한 전통마을이다. '남사 예담촌'으로도 불리는 이 마을에는 주로 밀양 박씨, 성주 이씨, 진양 하씨 등이 조상 대대로 살아온 기와집들이 즐비하다. 마을 안을 둘러보면 돌담길이 이어지고 있으며, 돌담 너머로 화사하게 피어난 매화꽃을 볼 수 있다.

남사마을에는 진양 하씨(河氏)가 32대째 살아온 '분양고가(汾陽古家)'가 있는데, 이 집은 흔히 '하씨 고택'이라고 불리고 있으며, 원정공(元正公) 하즙(1303~1380)이 살았던 집이다.[24]

24) '원정공'의 '원정'은 의를 행하여 백성을 기쁘게 함이 원(元), 정의로써 남을 복종케 함이 정(正)이라는 뜻이다

원정공의 자는 득제(得濟)이며 지금의 남사리(南沙里)인 이구산(尼丘山) 밑 여사촌(餘沙村)에서 태어났다. 그는 21세 때인 1324년에 진사를 거쳐 문과의 갑과(甲科)에 3등으로 급제하여 경주 부윤(慶州府尹)과 문하찬성사(門下贊成事)를 거쳐 수충좌리공신중대광보국숭록대부진천부원군(輸忠佐理功臣重大匡輔國崇祿大夫晋川府院君)에 이르렀다.

이 집은 동학혁명 당시 소실되었는데, 하즙의 후손인 하철(河澈)이 새로 집을 지은 것이며, 대원군이 '원정공 하즙이 살던 옛집'이라는 의미로 직접 써 준 '원정구려(元正舊廬)'라는 친필액자가 마루에 걸려 있다.

:: 매화시비

분양고가 마당에는 600년이 넘는 세월을 묵묵히 지켜 온 원정매가 있고, 그 앞

에 자그마한 '매화시비'가 있는데 시비에는 다음과 같은 내용이 적혀 있다.

元正公 詠梅詩	원정공 영매시
舍北曾栽獨樹梅(사북증재독수매)	집 양지 일찍 심은 한 그루 매화
臘天芳艶爲吾開(납천방염위오개)	찬 겨울 꽃망울 나를 위해 열었네.
窓讀易焚香坐(창독이분향좌)	밝은 창에 글 읽으며 향 피우고 앉았으니
未有塵埃一點來(미유진애일점래)	한 점 티끌도 오는 것이 없어라.

:: 감나무

분양고가 앞뜰에 원정매가 있고, 뒤뜰 담장 쪽으로 오래된 감나무 한 그루가 자라고 있다. 문효공(文孝公) 경재 (敬齋) 선생이 손수 심은 감나무이며 나무 수령은 이 비석을 세운 1986년 에 580년이라고 했으니 지금은 600년 이 넘는다. 그러니까 원정매보다는 늦지만 비슷한 시기에 심은 것으로 추정 된다.

원정매 옆 감나무   감나무 비석

● 경상남도 산청군 단성면 남사리

선비의 고장 경상남도 산청군은 선비의 기개를 상징하듯 예로부터 품격 높은 고매(古梅)가 많은 곳으로 널리 알려져 있다.

조선시대 남명(南冥) 조식(曺植) 선생이 학문을 연구하고 제자를 양성하던 지리산 산천재 정원에는 수령 450년, 높이 8m의 매화나무가 봄이 되면 청량한 매화 향기를 마음껏 발산한다.

남명 조식은 퇴계 못지않은 매화 애호가라서 지리산 자락에 산천재를 짓고 살면서 매화나무를 심고 천왕봉을 바라보며 말년을 보냈는데, 그가 심은 매화나무를 사람들은 '남명매'라고 부른다.

산천재 뜰에 핀 남명매는 품격부터 다르다. 기품이 있고 절제된 아름다움이 있어 함부로 접근하기 어려운 선비의 성품을 닮았다고 묘사되기도 한다.

그렇지만 세월의 무게는 어쩔 수 없는 듯 남명매는 줄기마다 외과수술을 한 흔적을 보인다. 매화꽃만 보면 그 흔적은 잘 보이지 않는다. 나무 전체를 위아래로 살펴보아야 그때 비로소 나무의 상처, 말라 죽어 가는 부분이 보인다.

산천재와 남명매

산천재

:: 나무 유래

평생 벼슬과 담을 쌓았던 조식 선생이 61세 되던 1561년에 학문을 연구하고
후학을 양성하기 위해 산천재를 세웠다. 이때 조식 선생은 선비의 지조를 상
징하는 매화나무 한 그루를 뜰에 심고 벗을 삼았는데 이 나무가 바로 '남명
매'이다. 산천재 앞뜰에 뿌리를 내린 남명매는 오늘도 지리산을 바라보며 봄
마다 꽃을 피우고 있다.

측면에서 본 산천재 건물과 남명매

:: 남명 조식

남명 조식(1501~1572)은 1501년 경상남도 합천군 삼가면 토동의 외가에서 승문원 판교(承文院 判校)를 지낸 부친 조언형(曺彦亨)과 모친 인천 이씨의 3남 2녀 중 2남으로 출생하였다. 그는 19세 때 기묘사화로 조광조 등이 죽음을 당하고 숙부도 이에 연루되어 화를 입는 것을 목격하고 잘못된 정치의 폐해를 탄식하였다.

그는 30세 때부터 처가가 있는 김해의 신어산 아래에 산해정을 짓고 학문에 정진하면서 제자들을 양성하였다. 48세 때에는 다시 고향인 삼가의 토동으로 돌아와 뇌룡정과 계부당을 짓고 제자를 키웠다. 그리고 지리산 아래 산청 덕산으로 옮겨 산천재를 지은 후 후진 양성에 매진하게 된다.

지리산 유람록인 '유두류산록(遊頭流山錄)'을 남길 정도로 지리산을 사랑한 남명은 대원사 계곡과 중산리 계곡에서 흘러온 물줄기가 만나 강폭을 넓히는 덕산을 세 번이나 답사한 뒤 산천재를 짓고 여생을 보냈다.

다음은 인생의 후반기인 60대에 들어선 조식 선생이 말년의 외로움을 느끼면서도 매화꽃 피는 것을 보고 맑은 기운과 정신을 갖게 된 것을 노래한 시이다.

梅花(매화)

歲晩見渠難獨立(세만견거난독립)
雪侵殘夜到天命(설침잔야도천명)
儒家久是孤寒甚(유가구시고한심)
更爾歸來更得淸(경이귀래경득청)

매화

한 해가 저물어가니 홀로 지내기 어려운데
새벽부터 날 샐 때까지 눈까지 내렸구나
선비 집은 오래도록 외롭고 쓸쓸했는데
매화가 피어나니 다시 맑은 기운 솟아나네

남명 조식

:: 산천재

산청군 시천면 사리에 산천재가 있다. '산천(山天)'은 '굳세고 독실한 마음으로 공부하여 날로 그 덕을 새롭게 한다.'는 뜻이다. 그러니까 산천재는 열심히 공부하고 수련하는 공간이라는 뜻이다. 산천재는 비록 서너 칸짜리 건물일 뿐이지만, 산천재 마루에 올라 위를 올려다보면 '산천재'라는 현판 주위로 농부가 소를 모는 그림, 신선이 소나무 아래 바둑을 두는 그림, 버드나무 밑에 귀를 씻는 선비와 그 물을 자기 소에게 먹일 수 없다며 소를 끌고 가는 농부의 그림 등이 그려져 있다. 벽화는 낡고 헐어 그 형체를 알아보기는 어렵다.

偶吟(우음)　　　　　　　　　우연히 읊다

朱點小梅下(주점소매하)　　　붉은 꽃송이가 달린 매화나무 아래에서
高聲讀帝堯(고성독제요)　　　큰 소리로 요전(堯傳)을 읽어보네
窓明星斗近(창명성두근)　　　북두성이 낮아지니 창이 밝아오고
江闊水雲遙(강활수운요)　　　강물 넓은데 아련히 구름만 떠도는구나

　　　　　　　　　　　　　　　　　　　남명 조식

산천재 서북쪽으로 지리산 천왕봉(智異山 天王峯)이 솟아 있고, 그곳에서 발원한 물이 중산(中山)·삼장(三壯)으로 흐르다가 양당(兩塘)에서 합쳐져 덕천(德川)을 이루면서 넓은 들판을 여는 곳에 산천재가 자리하고 있다.

:: 남명의 제자들

남명의 문하에서 많은 인물이 배출되었다. 산천재에서 공부한 제자들 중 일부는 그의 학덕을 계승하여 사림의 중심이 되었고, 다른 일부는 임진왜란 때 의병을 일으켜 국난 극복의 선봉이 되었다.

학문적으로 일가(一家)를 이룬 오건·김우옹·최영경·하항·정구·정착을 비롯한 48가(家)에 달하는 당대의 석학들은 남명의 학덕을 계승하여 사림의 중심이 되었고, 곽재우·정인홍·김면 등 의병을 일으킨 3대 의병장을 비롯하여 조종도·전치원 등 50여 명의 의병장은 임진왜란 극복에 큰 힘이 되었다.

남명이 벼슬을 마다하고 은인자중하였는데도 그 명성이 자자하여 제자가 되고자 한 이가 많았다. 정구·곽재우·정인홍·이제신·김효

25) 남명학 연구원, '남명선생 사적지' 리플릿 자료. 더 상세한 것은 http://www.nammyung.org 참조.

원·문익성·하항 등이 그들이다. 그들은 지리산 지역을 중심으로 크게 학풍을 진작했을 뿐 아니라, 임진왜란으로 나라가 위기에 처했을 때는 의병으로 나가 싸우기를 마다하지 않았다.[25]

남명기념관

남명기념관 입구

:: 남명기념관

단성 중·고등학교 위에는 남명의 학문과 정신을 기리기 위해 제자들이 세운 덕천서원과 함께 최근에 세운 남명기념관이 있다.

남명기념관은 산천재 길 맞은편에 자리하고 있다. 남명의 학덕을 기리고 유물을 보존하기 위하여 탄신 500주년에 설립이 추진되어 2004년에 완공된 건물이다. 이곳저곳에 산재해 있던 남명 관련 유물들을 모아 한눈에 알 수 있도록 한 곳이며, 기념관 내부에는 서책을 비롯한 유물, 건물 외부 공간에는 신도비, 남명 석상, 여재실 등이 있다.

남명기념관 홍매

남명기념관 홍매

남명 조식 선생이 후학 양성에 힘쓰던 곳, 산천재
매화나무 굵은 줄기는 외과수술 흔적이 역력한데,
그 가지는 산천재를 향해 달려간다.
나무도 현인의 뜻을 기리는 듯 경외하는 모습을 보인다.

● 경상남도 산청군 시천면 원리

남명기념관 홍매

산천재 앞 뜰 남명매

양산 영축산 남쪽 기슭에 사찰 통도사(通度寺)가 자리하고 있다. 이곳에 수령 350년의 홍매화인 자장매(慈臧梅)가 자라고 있다. 자장매는 1300여 년의 역사를 지닌 대가람의 경내 영각(影閣) 오른쪽 처마 밑에 있다.

:: 나무 유래

자장매는 1650년을 전후한 시기에 통도사의 스님들이 사찰을 창건한 자장율사의 큰 뜻을 기리기 위하여 심은 매화나무이다. 율사의 호를 따서 '자장매'라고 하였다.

양산 통도사

:: 자장율사

자장(慈臧, 590~658)은 신라시대의 승려로서 통도사를 창건하고 금강계단(金剛戒壇)을 세우는 등 전국 각처에 10여 개의 사찰을 건립하였다. 통도사 창건 전에는 선덕여왕에게 황룡사 9층탑 창건을 건의하였다.

자장매

:: 만첩홍매와 분홍매

　통도사에는 자장매 외에도 두 그루의 매화나무가 자라고 있다. 일주문에 들어서면 먼저 보이는 만첩홍매와 분홍매 두 그루가 그것이다. 천왕문에 들어서면 정면에 불이문이 보이고 좌측에 범종루, 우측에 극락전이 있다. 이 극락전과 천왕문 사이의 우측에 통도사 종무소가 있고 그 중간에 만첩홍매와 분홍매가 있다.

만첩홍매와 분홍매

:: 통도사

통도사는 646년(신라시대 선덕여왕 15년)에 자장율사(慈藏律師)에 의해 창건되었다.

통도사는 낙동강과 동해를 끼고 하늘 높이 솟은 영축산(해발 1,050m) 남쪽 기슭에 자리 잡고 있는 불보사찰(佛寶寺刹)이다. 영축산이란 본래 부처님의 재세 시에 마가다국 왕사성의 동쪽에 있던 '그라드라'라는 산이었다. 이 산은 석가머니 부처가 법화경을 설파한 유명한 곳으로 신선과 독수리들이 많이 살고 있었기 때문에 영축산이라고 불렸던 곳이다. 이 산의 모양이 불법을 직접 설파한 인도 영축산과 통한다 하여 '통도사'라고 이름을 짓게 되었다고 한다.[26]

26) 통도사 홈페이지 http://www.tongdosa.or.kr/ (검색일: 2009. 07. 30.)

신라에는 불교가 전래되기 전에 이미 일곱 군데의 가람 터가 있었다고 전해진다. 통도사는 부처의 진신 사리와 가사를 금강계단에 봉안하고 있기 때문에 대웅전에 불상이 없는 사찰로 유명하다.

시(詩)

도종환 시인은 홍매에 관하여 시를 지었는데 추위 속에서 견디며 봄을 기다리는 매화와 자신의 마음 속에 스며 있는 그리움을 그 속에 담아내었다.[27]

27) 도종환 시인은 1954년 충북 청주에서 출생하였으며, 충북대학교 국어교육과 및 동 대학원을 졸업하였다(문학박사). 1984년 동인지 ≪분단시대≫를 통해 작품 활동을 시작했으며, 제8회 신동엽창작기금을 수상하였다. 시집에 ≪고두미 마을에서≫, ≪접시꽃 당신≫, ≪지금 비록 너희 곁을 떠나지만≫, 산문집에 ≪지금은 묻어둔 그리움≫ 등이 있다.

홍매화(紅梅花)

눈 내리고 내려쌓여 소백산 자락 덮여도
매화 한 송이 그 속에서 핀다.

나뭇가지 얼고 또 얼어
외로움으로 반질반질해져도

꽃봉오리 솟는다.
어이하랴 덮어버릴 수 없는
꽃 같은 그대 그리움

그대 만날 수 있는 날 아득히 멀고
폭설은 퍼붓는데

숨길 수 없는 숨길 수 없는
가슴속 홍매화 한 송이

2월 하순의 아침햇살에 빛나는 자장매

● 경상남도 양산시 하북면 지산리 583

영각 앞의 분홍빛 보석 자장매

38 거제 구조라 만첩백매

거제시 일운면에 있는 구조라초등학교 분교는 문을 닫은 지 10년도 더 된 낡은 폐교이지만 마을 사람들이 운동장에서 테니스도 치고 산책도 하는 휴식과 체력단련의 공간이 되어 있다.

구조라초등학교 분교

구조라 만첩백매에서 바라본 운동장과 바다 ● 경상남도 거제시 일운면 구조라초등학교 분교

2009년 2월 1일 이 학교의 매화나무에 꽃이 피었다는 소식이 전해졌다. 실제로 이곳을 찾은 것은 일주일 후인 2월 8일이었다. 같은 일운면에 있는 지세포성(知世浦城)을 둘러보고 서둘러 구조라초등학교 분교로 갔지만 이미 해가 지고 있었다.

새 가지와 옛 가지가 분명하게 대비된다.

운동장 주위를 돌면서 산책을 하던 마을사람들이 이 매화나무가 전국에서 가장 먼저 꽃이 피는 나무라고 귀띔해 준다. 이곳이 지리적으로 남단임에는 틀림이 없지만 2월 8일에 이렇게 만개해 있다니 빠르긴 빠르다는 생각을 하였다. 교정에서 바다를 내려다보고 있는 세 그루 아름드리 매화나무에 순백의 매화가 꽃망울을 환하게 터뜨린 것을 본 것은 아주 인상적인 일이었다.

매화꽃의 색깔은 흰색이고 꽃술은 여러 겹인 만첩백매이다. 산책을 하는 이들에게 나무 유래를 물었으나 아는 사람은 없었다. 세 그루 나무의 수령은 80년, 나무 높이 6~9m 정도이다. 2010년 2월 10일 다시 구조라 만첩백매를 찾았다. 매화는 만개해 있었고, 굵은 줄기 여기저기에는 새로 나오는 꽃봉오리가 맺히고 있었다.

한 밤의 백색 매화 향연

운동장에서 바라본 구조라 만첩백매

39 **거제 외도**
수양매

외도 수양매는 리스 하우스(Lee's House)에서 화훼
단지로 올라가는 초입 왼쪽에 자리를 잡고 자라고
있다.

수양매(水揚梅, 垂楊梅)는 능수버들처럼 가지가 늘어진다 하여 붙여진 이름이
며, '능수매'라고도 불린다. 수양매는 예로부터 땅을 향하여 조용히 꽃을 피운다
하여 '겸손'을 상징하는 꽃으로 알려져 왔다. 외도 수양매는 사진에서 보는 것처
럼 꽃봉오리가 땅을 향하여 있고 꽃 또한 땅을 향하고 있다. '감추는 아름다움'
이 '겸손'을 더욱 느끼게 하는 그런 아름다운 꽃이다.

감추는 아름다음 - 외도 수양매(2010. 02. 18)

:: 리스 하우스와 화훼단지

리스 하우스는 KBS 드라마 '겨울연가'의 마지막 회를 촬영한 곳이다. 이곳은 사택(私宅) 건물이므로 관광객은 내부로 들어갈 수 없다.

화훼단지는 선착장에서 전망대에 이르기까지 완만한 경사로 이루어진 섬의 특성을 살려 꾸민 꽃밭이다. 꽃밭 사이로 길을 내어 관광객들이 사시사철 피어나는 꽃도 보고 섬 전체를 굽어보며 오를 수 있도록 하였다.

이곳은 이탈리아 피렌체의 보볼리 정원과 비슷한 느낌을 주고 있다는 것이 외도 보타미아 측의 설명이다. 계절에 따라 천연의 아름다운 꽃 그리고 그 꽃에서 발산되는 향기를 맡을 수 있는 곳이다.

외도 보타미아 풍경

:: 외도 보타미아

외도는 거제도에서 남쪽으로 4km 정도 떨어져 있는 섬이며, 물이 풍부하고 기후가 온난하고, 강수량이 많아서 다양한 난대식물과 열대성 식물이 자라기 쉬운 자연환경 속에 있다.

1995년 4월 25일 '외도자연농원'이라는 명칭으로 개원한 이 자연농원은 지금은 '외도 보타미아'라는 명칭으로 자연의 풍치를 즐기려는 관광객을 맞이하고 있다.

외도 보타미아는 1969년부터 이창호·최호숙 부부가 자연을 사랑하는 마음과 지극한 정성을 가지고 가꾸어왔으며, 이곳에는 현재 희귀 아열대 식물을 비롯한 크고 작은 740여 종류의 식물이 자라고 있다.

◉ 경상남도 거제시 일운면 와현리 산 109번지

표 매화나무 소재지

연번	명칭	소재지	비고
서울			
1	창덕궁 성정매	서울시 종로구 와룡동 2-71번지	
2	창덕궁 낙선재 매화나무	서울시 종로구 와룡동 2-71번지	
3	안중근의사 기념관 와룡매	서울시 중구 남대문로 5가 471번지	
강릉 · 강원			
4	강릉 오죽헌 율곡매	강원도 강릉시 죽헌동 201번지	484
5	강릉 허균 · 허난설헌 생가터 매화나무	강원도 강릉시 초당동 475-3번지	
대전 · 충남			
6	부여 진변리 부여동매	충남 부여군 구암면 진변리 부산서원 입구	
7	예산 수덕사 수덕매	충남 예산군 덕산면 사천리	
8	대전 삼매당 매화나무	대전시 동구 가양동 11-1번지	
전주 · 전북			
9	부안 내소사 매화나무	전북 부안군 진서면 석포리 268번지	
광주 · 전남			
10	광주 전남대학교 대명매	광주시 북구 용봉로 77번지 (전남대 구내)	
11	순천 선암사 선암매	전남 승주군 승주읍 죽학리 산 802번지	488
12	순천 송광사 송광매	전남 순천시 송광면 신평리 12번지	
13	순천 금둔사 납월매	전남 순천시 낙안면 상송리 산 2-1번지	
14	장성 백양사 고불매	전남 장성군 북하면 약수리 26번지	486
15	구례 화엄사 화엄매	전남 구례군 마산면 황전리 산 20-1번지	485
16	구례 연곡사 매화나무	전남 구례군 토지면 내동리 산 54-1번지	
17	구례 운조루 운조매	전남 구례군 토지면 오미리 103번지	
18	담양 소쇄원 매화나무	전남 담양군 남면 지곡리	

19	담양 식영정 매화나무	전남 담양군 남면 지곡리 123번지
20	담양 지실마을 계당매	전남 담양군 남면 지실리 지실길 16-7번지
21	광양 도사리 율산매	전남 광양시 다압면 도사리 414번지 청매실농원
22	해남 대흥사 초의매	전남 해남군 삼산면 구림리 799번지
23	강진 남포 홍옥매	전남 강진군 강진읍 남포 홍옥매길
24	고흥 소록도 수양매	전남 고흥군 도양읍 소록리 1번지 소록도 중앙공원

대구 · 경북

25	안동 도산서원 도산매	경북 안동시 도산서원
26	안동 하회마을 서애매	경북 안동시 풍천면 하회리 749-1번지
27	안동 원지정사 매화나무	경북 안동시 풍천면 하회리
28	성주 회연서원 매화나무	경북 성주군 수륜면 신정리 258번지
29	성주 극와고택 매화나무	경북 성주군 월항면 대산리 387번지
30	구미 매학정 매화나무	경북 구미시 고아면 예강리 257-2번지

부산 · 경남

31	부산 충렬사 만월매	부산시 동래구 안락동 반송로 393번지
32	산청 남사리 최씨매	경남 산청군 단성면 남사리 최씨고택
33	산청 운리 정당매	경남 산청군 단성면 운리 단속사지
34	산청 남사리 원정매	경남 산청군 단성면 남사리
35	산청 남사리 남호정사 백매	경남 산청군 단성면 남사리
36	산청 원리 남명매	경남 산청군 시천면 원리 산천재
37	양산 통도사 자장매	경남 양산시 하북면 지산리 583번지
38	거제 구조라 만첩백매	경남 거제시 일운면 구조라초등학교 분교(폐교)
39	거제 외도 수양매	경남 거제시 일운면 와현리 산 109번지

주: 비고란의 숫자는 천연기념물 지정번호임.

참고문헌

기태완,『퇴계 매화시첩』(서울: 보고사, 2007).

김동주,『매화는 피리소리에 취하여 향기롭구나』(서울: 전통문화연구회, 1997).

손종섭,『내 가슴에 매화 한 그루 심어놓고』(서울: 학고재, 2001).

안형재,『한국의 매화』(서울: 북랜드, 2001).

윤석화,『매화꽃 피는 산사』(서울: 대한, 2003).

이상희,『매화』(서울: 넥서스, 2002).

이어령 편,『매화』(서울: 종이나라, 2005).

이화여자대학교박물관,『탐매(探梅) – 매화를 찾아서』(서울, 1989).

한국정신문화연구원,『한국민족문화대백과사전』(성남, 1991).

저자 **김현우**

인하대학교 강사. 글로벌교육문화연구원 지역연구실장. 자연보호중앙연맹 정책위원장으로
일하고 있으며. 저서로는 『한국정당통합운동사』, 『한국국회론』, 『일본현대정치사』, 『일본국
회론』, 『미국연방의회론』, 『은행나무』, 『소나무』가 있다.

매화나무

맑고 밝은 꽃과 향기

초판인쇄 | 2010년 9월 10일
초판발행 | 2010년 9월 10일

지은이 | 김현우
펴낸이 | 채종준
펴낸곳 | 한국학술정보㈜
주 소 | 경기도 파주시 교하읍 문발리 파주출판문화정보산업단지 513-5
전 화 | 031) 908-3181(대표)
팩 스 | 031) 908-3189
홈페이지 | http://ebook.kstudy.com
E-mail | 출판사업부 publish@kstudy.com
등 록 | 제일산-115호(2000.6.19)

ISBN   978-89-268-1474-1 03090 (Paper Book)
       978-89-268-1475-8 08090 (e-Book)

이담
Books 는 한국학술정보(주)의 지식실용서 브랜드입니다.